Barbara Lorinser

So helfe ich unserem Kind durch die Scheidung

Barbara Lorinser

SO HELFE ICH UNSEREM KIND DURCH DIE SCHEIDUNG

Mit den neuen gesetzlichen Bestimmungen
zu Sorgerecht, Umgangsrecht
und Unterhaltsregelung

In Zusammenarbeit
mit dem Deutschen Kinderschutzbund

Urania-Ravensburger

Weitere Titel zum Thema bei Urania-Ravensburger:
Margarethe Schindler: Die häufigsten Erziehungsprobleme ... und wie man sie löst. ISBN 3-332-01091-3
Helga Gürtler: Regeln finden ohne Tränen. ISBN 3-332-00717-3

Die Autorin:
Prof. Dr. jur. Barbara Lorinser erlebte als Kind die Scheidung ihrer Eltern und vertrat später als Rechtsanwältin mit dem Schwerpunkt Familien- und Erbrecht zahlreiche scheidungswillige Väter und Mütter. Seit dem 1.9.1999 ist sie Dozentin für Privatrecht an der Fachhochschule Pforzheim.

Die Deutsche Bibliothek – CIP-Einheitsaufnahme
Ein Titeldatensatz für diese Publikation ist bei Der Deutschen Bibliothek erhältlich.
ISBN 3-332-01093-x

Umschlaggestaltung: Behrend & Buchholz, Hamburg
Titelfoto: The Stock Market, ROB & SAS
Fotos: Adobe Image Library (3), Digital Stock (5), DigitalVision (1), MEV (6), PhotoDisc (2), Stockbyte (2)
Redaktion und Produktion: Dr. Magda Antonic (MediText, Stuttgart)
Druck: Messedruck Leipzig GmbH
Printed in Germany
Gedruckt auf alterungsbeständigem Papier mit chlorfrei gebleichtem Zellstoff

04 03 02 01 00 5 4 3 2 1
ISBN 3-332-01093-x

VORWORT

Hoffnungen, Glücksgefühle und der Wunsch nach emotionaler und vielleicht auch materieller Sicherheit gehören dazu, wenn Menschen heiraten. Als großes gemeinsames Glück wird es dann in aller Regel empfunden, wenn sich Nachwuchs einstellt. Zurzeit leben 7,6 Millionen Ehepaare in Deutschland, bei denen 13,1 Millionen Kinder aufwachsen.

Nicht immer aber kann den Kindern das Elternhaus erhalten werden. Jährlich werden 148000 Kinder unter 18 von der Scheidung ihrer Eltern betroffen. Es ist allgemein bekannt, dass der beständige Kontakt zu *beiden* Elternteilen von entscheidender Bedeutung für die psychosoziale Entwicklung von Kindern und Jugendlichen ist. Die Statistik zeigt, dass Kinder und Jugendliche, denen nach der Scheidung ihrer Eltern dieser Kontakt fehlte, besonders häufig Verhaltensauffälligkeiten und psychische Störungen zeigen.

Verantwortungsvolle Eltern möchten ihre Kinder in diesem Prozess begleiten, ihnen den Kontakt zum geschiedenen Partner erhalten und über alle juristischen Regelungen, die die Kinder betreffen, möglichst gut Bescheid wissen. Sie wenden sich mit diesen Problemen besonders häufig an den Kinderschutzbund. Deshalb ist auch dem Kinderschutzbund sehr daran gelegen, dass der vorliegende Ratgeber viele Menschen in Trennungssituationen erreicht. Mit seiner Hilfe lassen sich Lösungen finden, die den Kindern gerecht werden und ihnen die Zukunft erleichtern.

Hannover, im Januar 2000

Heinz Hilgers
Präsident des Deutschen Kinderschutzbundes (DKSB)
Bundesverband e. V.

INHALT

BEQUEME KINDHEIT – GLÜCKLICHE KINDHEIT?

In den modernen Industrienationen steigt die Scheidungsrate seit Jahrzehnten kontinuierlich an. Bundesweit wird heute jede dritte Ehe geschieden, in den Großstädten jede zweite. 1997 wurden durch deutsche Familiengerichte 187 802 Scheidungen ausgesprochen, bei denen 148 782 minderjährige Kinder betroffen waren.

Sowohl Eltern als auch Kinder sind bei einer Trennung Gefühlen von Verunsicherung, Verwirrung und Angst ausgesetzt. Für alle Beteiligten tauchen belastende Fragen auf. Soll ich mich vielleicht doch der Kinder wegen nicht trennen? Vielen Müttern und Vätern fällt die Entscheidung, sich zu trennen, umso schwerer, je negativer die Folgen für die Kinder eingeschätzt werden. Wie sieht das Scheidungsverfahren überhaupt aus? Werde ich genug Geld haben, um meine Kinder zu versorgen? Hat sich ein Elternteil einmal zur Scheidung entschlossen und die notwendige Trennung vollzogen, wird die persönliche Problematik der Eltern in der Regel noch akuter. Soll es eine Scheidung nach herkömmlichem Modell werden, in dem jede „Partei" durch einen eigenen Anwalt vertreten wird? Sollen Anträge zum Sorgerecht, zum Umgangsrecht oder zu Unterhaltszahlungen gestellt werden? Oder möchte man vielleicht doch lieber vorher die relativ neue Möglichkeit eines Mediationsverfahrens ausprobieren?

Den Kindern die Familie zu erhalten ist wohl nach wie vor eines der wichtigsten Motive dafür, in einer unglücklichen Ehe auszuharren.

Bereits seit längerer Zeit beschäftigt sich die Wissenschaft mit der Erforschung der Auswirkungen von Trennung und Scheidung auf die betroffenen Kinder. Auf den ersten Blick erscheinen die Ergebnisse dabei recht düster. Die meisten Untersuchungen belegen, dass die Scheidung der Eltern für die Kinder ein seelischer Schock ist, den sie nur sehr schwer verarbeiten können. Folge davon sind oftmals psychische Störungen oder Verhaltensauffälligkeiten. Die möglichen Reaktionen von Kindern auf die Trennung und Scheidung ihrer Eltern sind dabei breit gefächert. Die Kinder zeigen abhängig vom Alter und Geschlecht unterschiedliche Reaktionen. Angesichts dieser Erkenntnis und der steigenden Scheidungszahlen wurden in der Vergangenheit die Beratungs- und Hilfsangebote erweitert und verbessert, Ehe- und Familienberater auf diesem Gebiet besser ausgebildet. Auch der Gesetzgeber und die Rechtsprechung haben mit der Kindschaftsrechtsreform von 1998 den Entwicklungen – endlich – Rechnung getragen. Die Hauptverantwortung für die positive Entwicklung der Kinder verbleibt jedoch bei den Eltern.

Viele Eltern wissen leider gar nicht, was in ihren Kindern angesichts der Trennung vorgeht.

Völlig verfehlt wäre es allerdings, angesichts der wissenschaftlichen Ergebnisse zu dem Schluss zu kommen, zum Wohle der Kinder müsste die Scheidung abgeschafft werden. In Ländern, die eine Scheidung nicht vorsehen, wie etwa Irland, zeigen Untersuchungen, dass Kinder aus Krisenfamilien im Ergebnis genau die gleichen Probleme und Verhaltensstörungen aufweisen wie Kinder aus Scheidungsfamilien in anderen Ländern. Fest steht, dass alle Kinder auf die eine oder andere, mehr oder weniger sichtbare Art versuchen, ein für sie ausgesprochen belastendes Ereignis zu verarbeiten. Vor allem bei Kindern, die nach außen kaum sichtbare Reaktionen auf die Trennung der Eltern zeigen, werden das Ausmaß der Verunsicherung und der Verwirrung vielfach von den Eltern nicht erkannt. Die Eltern stehen auch gerade jetzt vor einer ganzen Reihe praktischer Probleme, die viel ihrer Zeit und Energie in Anspruch nehmen. Das kann dazu führen, dass Kinder, die ihre Verunsicherung deutlicher nach außen tragen – den Eltern also „Probleme" machen –, zusätzlich mit gereizten und überforderten Eltern zu kämpfen haben.

Das muss aber nicht sein. Zunächst müssen Eltern akzeptieren, dass die elterliche Trennung für die Kinder auch dann eine emotionale Belastung darstellt, wenn sie selbst die Trennung als Erleichterung empfinden. Kennen Eltern weiterhin die typischen Reaktionen der Kinder auf diese Belastung, dann ist es ihnen auch möglich, auf die Bewältigungsversuche der Kinder angemessen zu reagieren. Im Ergebnis geht es also darum, die Folgen einer Scheidung für die Kinder nicht herunterzuspielen, sondern der Frage nachzugehen, wie sich der Preis, den die Kinder für die Trennung der Eltern zu zahlen haben, möglichst gering halten lässt.

Eine Scheidung der Eltern ist für Kinder immer eine große psychische Belastung.

Dazu benötigen Eltern eine ganze Reihe von Informationen, die dieses Buch zu vermitteln sucht. Dabei ist das Thema „Kinder und Scheidung" vielschichtig. Ihm liegen sowohl juristische als auch psychische Elemente zugrunde, die gleichwertig behandelt werden müssen und sollen. Besonders wichtig für Eltern ist die Information über die Kindschaftsrechtsreform von 1998, die das Familienrecht des BGB in wichtigen Punkten verändert hat. Im Bereich des Scheidungsrechts ist insbesondere die elterliche Sorge und das Umgangsrecht neu geregelt worden. Wichtige Neuerungen finden sich auch im Kindesunterhaltsgesetz.

Das Buch will informieren, aufklären und mögliche Lösungswege aufzeigen. Es will die Eltern in der schwierigen Zeit der Neuorganisation der Familie unterstützen, um angemessene Lösungen zu finden und die Scheidung für ihre Kinder und letztlich auch sich selbst weniger schmerzhaft zu gestalten. Weder die Kinder noch die Eltern müssen zwangsläufig bei den durch Trennung und Scheidung bedingten Problemen zu Verlierern werden. Jede Aufklärung und Information kann jedoch immer nur Anregung sein und nicht eigenverantwortliche Entscheidungen ersetzen. Anhand von Beispielen anderer Familien sollen Möglichkeiten aufgezeigt werden, wie Eltern und Kinder mit der veränderten Situation besser fertig werden können. Die Verantwortung muss aber stets bei den Müttern und Vätern verbleiben. Jede Familie ist ein Einzelfall, der ganz eigene Besonderheiten aufweist. Patentrezepte, um sein Kind unbeschadet durch die Scheidung zu begleiten, gibt es nicht.

Das Buch gibt in erster Linie persönliche Erfahrungen weiter. Diese Erfahrungen sind sicherlich subjektiv, basieren aber auf meiner Beschäftigung mit zahlreichen Scheidungsverfahren als Rechtsanwältin.

Es würde zu weit führen, auch die Rechtsverhältnisse in Österreich und der Schweiz darzustellen, zumal auch dort vieles im Umbruch ist. Leser, die sich informieren möchten, können sich mit ersten Anfragen an die auf S. 127 angegebenen Adressen wenden.

ENTSCHEIDUNGS-KONFLIKTE: BRAUCHEN KINDER FAMILIE?

Kinder würden sich nicht scheiden lassen, doch in vielen Fällen – vor allem wenn sie die Streitereien der Eltern über einen längeren Zeitraum miterleben müssen – ist eine Trennung für alle Beteiligten die bessere Lösung.

EHE „UM DER KINDER WILLEN"?

Frau Schuster ist 65 Jahre alt und hat vier erwachsene Kinder. Es kommt selten vor, dass sich Ehepaare dann noch trennen. Aber Frau Schuster erzählt, dass jetzt alle Kinder aus dem Haus sind und sie nun endlich ihr eigenes Leben führen möchte. Für ihren Mann empfindet sie schon lange nichts mehr. Eigentlich hatten sie sich sie sich schon vor der Geburt des vierten Kindes auseinander gelebt und sich nichts mehr zu sagen gehabt. Er hatte dann auch eine Affäre mit einer anderen Frau angefangen. Da war der jüngste Sohn gerade ein halbes Jahr alt. Als sie davon erfuhr, ist Frau Schuster mit ihren vier Kindern zurück zu ihren Eltern – aber nur für drei Tage. Sie hatte das Gefühl, sie müsse ihren Kindern die Familie erhalten, auch um den Preis des eigenen Lebensglücks.

TRENNUNG TROTZ KINDERN?

Für die Kinder ist eine Scheidung besser als das Aufwachsen in einer spannungsgeladenen Atmosphäre.

Sind erst einmal die ersten ernsthaften Gedanken an eine Trennung aufgetaucht, kommen manche Ehepartner sehr schnell zu der endgültigen Entscheidung, sich scheiden zu lassen. In vielen Fällen ziehen sich der Entscheidungsprozess und die damit verbundenen Konflikte aber auch über lange Zeit hin. Der Entschluss, sich vom Ehepartner zu trennen, ist eine schwierige und komplexe Entscheidung mit oft nur schwer abschätzbaren, langfristigen Folgen. Die endgültige Entscheidung wird immer wieder verschoben. „Den

Kindern zuliebe" werden die Eheprobleme heruntergespielt oder verdrängt. Wird der Zustand für den Trennungswilligen unerträglich, wird häufig auf das Argument zurückgegriffen, für die Kinder sei es besser, dass die Eltern sich trennen, als dass sie weiter in der spannungsgeladenen Atmosphäre einer unbefriedigenden Ehe aufwachsen müssten.

Kinder würden sich nicht scheiden lassen

Kinder sehen das ganz anders. Sie haben völlig andere Wünsche. Die Familie, in der sie leben, ist die einzige, die sie sich vorstellen können und die sie sich wünschen. Während die Ehepartner in einer Trennung die einzige und beste Lösung sehen und das Bedürfnis haben, einen Schlussstrich unter diesen Lebensabschnitt zu ziehen, ist für die Kinder die einzig denkbare Lösung, dass sich die Eltern wieder vertragen. Der Trennung der Eltern können die meisten Kinder keinerlei Sinn abgewinnen. Die Einsicht, dass eine Fortsetzung der Ehe weder für die Eltern noch für sie selber sinnvoll ist, können Kinder erst langsam und mit zunehmendem Alter gewinnen. Kinder empfinden die Trennung als Katastrophe, auf die sie in der Regel nicht vorbereitet sind.

Natürlich leiden Kinder, wenn zwischen den Eltern ständig ungelöste Konflikte und Spannungen bestehen oder wenn sie von den Eltern gar in einen dauernden offenen Ehekrieg hineingezogen werden. Sie leiden aber in erster Linie deshalb, weil sie fürchten, die Beziehung der Eltern könne zerbrechen und sie selbst könnten damit die Familie als ihre einzige Existenzgrundlage verlieren. Kinder sind in diesem Sinne unselbstständige Wesen. Sie müssen ernährt, betreut und geliebt werden, um erwachsen zu werden und sich entwickeln zu können. Die häufigste Frage, die Kinder ihren sich streitenden Eltern stellen, ist: „Wollt ihr euch scheiden lassen?" Egal, wie heftig die Auseinandersetzungen

Kinder sind auf die Familie als Existenzgrundlage angewiesen.

zwischen den Eltern also auch gewesen sein mögen, Kinder erleiden einen Schock, wenn sie erfahren, dass ihre Eltern auseinander gehen. In diesem Moment sehen Kinder ihre schlimmsten Befürchtungen bestätigt. Und tatsächlich bringt eine Trennung der Eltern für Kinder zunächst wenig Positives mit sich. Meistens verschlechtert sich die finanzielle Situation der Familie. Oftmals ist ein Umzug notwendig, durch den sich die Umwelt der Kinder verändert. Die Beziehungen zu Großeltern, Verwandten oder anderen Bezugspersonen verändern sich. Manchmal muss das gesamte soziale Netz neu gestaltet oder gar abgebrochen werden. Und schließlich bringt die Trennung der Eltern oft nicht mal das Ende der Auseinandersetzungen mit sich. Waren die Kinder vor der Trennung Zuschauer der ehelichen Auseinandersetzungen, werden sie jetzt womöglich zu deren Objekt, wenn um Sorgerecht oder Umgang und um Unterhalt gestritten wird. Von Extremfällen familiärer Gewalt einmal abgesehen, kann das Ergebnis nur sein, dass eine Scheidung der Eltern für Kinder zunächst einmal nichts Positives hat.

Verpflichtungen der Eltern

Folgt nun aus dem oben Gesagten, dass man auch dann um der Kinder willen zusammenbleiben soll, wenn die Ehe unerträglich geworden ist? Sicher nicht.

Die Verpflichtungen, die Eltern als Ehepaar haben, sind etwas grundsätzlich anderes als die Verpflichtungen, die sie gegenüber ihren Kindern übernommen haben. Das Eheversprechen wird nicht gegenüber den Kindern abgegeben. Gegenüber den Kindern gilt das Versprechen, sie bestmöglich großzuziehen. Kinder haben Anspruch auf die Sicherheit und Geborgenheit einer Familie und brauchen diese, um sich optimal entwickeln zu können. Verheiratete Eltern brauchen Kinder dagegen nicht zwangsläufig! Das Ende ei-

Geschiedene bleiben ihr ganzes Leben Eltern.

ner Ehe muss nicht das Ende einer Familie sein. Es sind die Folgen einer Trennung und Scheidung, die lang anhaltenden Auseinandersetzungen, die aus den natürlichen Reaktionen der Kinder auf sich verändernde Lebensumstände langfristige Störungen werden lassen. Im Rahmen des Entscheidungsprozesses ist es daher von entscheidender Bedeutung, zwischen Familie und Ehe, zwischen Partnerschaft und Elternschaft zu differenzieren.

Trennung von Ehe und Elternschaft

Jeder von uns weiß, dass die Liebe zum Ehepartner etwas anderes ist als die Liebe zu den Kindern. Die Lösung und Beendigung der ehelichen Beziehungen wurde durch die Möglichkeit der Scheidung legalisiert, und das ist gut so. Die Elternschaft bleibt aber über die Scheidung hinaus bestehen. Die übergeordnete Aufgabe, die sich für ein Elternpaar bei einer Scheidung stellt, ist die Trennung der ehelichen von den elterlichen Beziehungen.

Für die Entscheidung für oder gegen eine Scheidung gilt deshalb: Die Entscheidung, sich zu trennen und scheiden zu lassen, ist ausschließlich eine Angelegenheit der Ehepartner und sollte unabhängig von den Kindern erfolgen. Ehekonflikte gehen nur die Eltern etwas an und haben mit den Kindern nichts zu tun. Die Verantwortung für Entscheidungen über den Fortbestand der Ehe darf nicht den Kindern auferlegt werden. Kinder können und sollen diese Verantwortung nicht tragen. Hieraus folgt auch, dass man diesbezüglich in Kindern weder Streithelfer noch Friedensstifter suchen und schon gar nicht als Druckmittel benutzen darf, um den Partner zu halten.

Kinder müssen aus allen Auseinandersetzungen über die Auflösung der Ehe herausgehalten werden.

Sie tun Ihren Kindern einen Gefallen, wenn Sie versuchen Ihre Ehe zu retten und alle Möglichkeiten nutzen, um Ihre Eheprobleme zu lösen und eine verheiratete Familie zu bleiben. Ist aber die Wiederherstellung einer guten und vor allem ehrlichen Beziehung zwischen den Ehepartnern nicht möglich, dann ist auf Dauer gesehen eine Trennung allemal besser als eine schlechte Ehe. Fragen Sie sich also selber sehr genau, ob Sie auch ohne Kinder mit Ihrem Partner zusammenbleiben würden. Wenn nicht, handeln Sie entsprechend!

Den „richtigen" Zeitpunkt gibt es nicht

Manche Ehepartner haben sich zwar innerlich zur Trennung entschlossen, glauben aber, dass es für die Kinder besser ist, mit der Trennung zu warten, bis die Kinder größer sind.

Im Einzelfall kann das vielleicht einmal sinnvoll sein. Das gilt vor allem, wenn Kinder bereits aus anderen Gründen erheblichen außergewöhnlichen Belastungen ausgesetzt sind, z.B. durch den Verlust anderer Bezugspersonen oder schwere Krankheiten. Sie sollten dann genau prüfen, ob Sie Ihrem Kind die Trennung seiner Eltern noch eine Weile lang ersparen.

Kinder reagieren sehr unterschiedlich auf die Trennung ihrer Eltern.

Im Übrigen gibt es aus Kindersicht den richtigen Trennungszeitpunkt nicht und die Aussichten auf ein gedeihliches Zusammenleben sind auch nicht sehr groß. Zwar hängt die Art der Reaktion auf die Trennung unter anderem vom Alter der Kinder ab, das heißt aber noch lange nicht, dass ältere Kinder weniger leiden. Häufig kommen sie mit der veränderten Lebenssituation besser zurecht, einfach weil sie sie besser begreifen. Aber ihre Gefühle unterscheiden sich von denen kleinerer Kinder manchmal kaum. Theresa war schon fast 17, als ihre Eltern sich trennten. Sie war darüber völlig fassungslos und vor allem sehr, sehr wütend. Zwar hatte sie sich von ihren Eltern über weite Strecken emanzipiert, aber sie hatte nun das Gefühl, dass ihr der sichere Rückhalt für diese Emanzipation genommen wurde. Sie machte in erster Linie der Mutter bittere Vorwürfe. Darauf erklärte die Mutter, die Ehe sei seit langem schon nicht mehr intakt, die Eltern hätten nur warten wollen, bis Theresa die Schule beendet habe. Diesen „Betrug“ hat Theresa ihren Eltern bis heute nicht verziehen. Heute noch fällt es ihr schwer, in ihren eigenen Beziehungen das ausreichende Vertrauen aufzubauen.

Theresas Eltern ist es gelungen, die Konflikte und Unstimmigkeiten vor ihrem Kind geheim zu halten. Vielen anderen Kindern bleibt die Krise zwischen den Eltern aber nicht verborgen. Diese Kinder nehmen u. U. während der Zeit bis zur Trennung wegen der dauernden Spannungen in der Familie seelischen Schaden.

Unverzeihlich ist schließlich, wenn ein Ehepartner die Kinder als Argument dafür heranzieht, den anderen Elternteil über seine Absichten im Unklaren zu lassen. Der verheiratete Vater, der seiner Freundin erklärt, er könne sich wegen der Kinder nicht von seiner Frau trennen, mag ein abgegriffenes Klischee sein. In der Praxis ist mir dieser Fall aber nicht gerade selten begegnet und ich habe festgestellt, dass dadurch alles nur viel schlimmer wird. In vielen Fällen haben diese Elternteile natürlich gar nicht den Wunsch, ihre Familie zu verlassen. Sie fahren lieber zweigleisig. Das ist ein Thema für sich. Für die anderen Fälle gilt, dass die Sorge um die Kinder, wie groß sie auch sein mag, nicht den Betrug am Ehepartner zu rechtfertigen vermag.

Die Entscheidung, ob man trotz beendeter Liebesbeziehung um der Kinder Willen an der Ehe festhalten will, können nur beide Ehepartner gemeinsam treffen.

ENTSCHEIDUNGEN ALS ELTERNTEIL

Im Zentrum des Problems „Kinder und Scheidung“ steht damit die Aufgabe, den Kindern zu helfen, mit der Scheidung der Eltern fertig zu werden und nicht die Scheidung um der

Kinder Willen zu vermeiden. Trennung und Scheidung verlangen von Eltern neben bzw. nach dem Entschluss zur Trennung vielfältige Entscheidungen im Hinblick auf das Wohlergehen ihrer Kinder: Sorgerecht, den Umgang oder den Unterhalt. Die Frage ist, wie die Eltern nach Trennung und Scheidung ihre elterliche Verantwortung für die Kinder ausüben können und wollen. Hier ist das scheidungswillige Paar in seiner Rolle als Eltern gefordert.

Häufig werden Kinder nur benutzt, um den Partner zu bestrafen.

In einer „funktionierenden" Partnerschaft sind wir normalerweise gut in der Lage, unsere verschiedenen Rollen als Ehepartner und als Eltern auseinander zu halten. Über weite Strecken decken sich auch die Bedürfnisse der Kinder mit den eigenen. Im Fall einer Scheidung ändert sich dieses Bild. Ein Hauptgrund für die Konflikte liegt in der mangelnden Fähigkeit, die Rollen voneinander zu trennen und die eigenen Bedürfnisse von denen der Kinder abzugrenzen. Manche Eltern werden durch das Scheidungsgeschehen so blockiert und gegen den Expartner eingenommen, dass sie die Bedürfnisse ihrer Kinder überhaupt nicht mehr wahrnehmen. Häufig werden die Kinder dann zu strategischen Waffen degradiert und dienen zur Bestrafung des Partners, zur Wiedergutmachung des Betrogenen, zum Ausgleich von materiellen Verlusten. Das geschieht mal mehr, mal weniger bewusst. Typisch hierfür sind die vor allem von Müttern im Zusammenhang mit einer Scheidung verwendeten „Uns"-Formulierungen: „Er hat uns verlassen", „Er hat uns im Stich gelassen", „Er hat uns vernachlässigt", „Er wollte uns nicht mehr haben". Meistens aber wollen Väter ihre Kinder sehr wohl noch haben und lediglich die Beziehung zur Mutter der Kinder beenden. Mütter sind auch diejenigen, die dazu neigen, die Trennung und Scheidung als einen Gesamtkomplex zu sehen, bei dem es gilt Nachteile auszugleichen. Wie z.B. Frau Fürst. Sie hat im Scheidungsverfahren

für ihre beiden Kinder die elterliche Alleinsorge beantragt. Demgegenüber möchte ihr Mann ein gemeinsames elterliches Sorgerecht, was Frau Fürst kategorisch ablehnt. Ihr Hauptargument gegen ein gemeinsames Sorgerecht ist die angeblich fehlende Kooperationsbereitschaft und -fähigkeit ihres Ehemannes. Gegenüber der vom Gericht beauftragten Sachverständigen erklärt sie: „Er hat doch die ganze Zeit nur über das Geld gestritten. Ich habe immer zu wenig Unterhalt von ihm bekommen." Die Sachverständige weist Frau Fürst darauf hin, dass sowohl die Unterhaltsverfahren als auch das Verfahren wegen Zugewinnausgleichs durch einen Vergleich beendet wurden und jetzt nicht mehr Thema sein sollten. „Er hat bei diesen Verhandlungen ja nicht nachgegeben und sich stur gestellt. Er hat keinerlei Kompromissbereitschaft gezeigt. Ich hatte nur finanzielle Nachteile durch die Scheidung. Jetzt möchte ich wenigstens für meine Kinder das alleinige Sorgerecht."

Väter neigen dagegen häufiger zur bewussten Instrumentalisierung der Kinder: „Weil sie mich verlassen hat, beantrage ich das Sorgerecht", „Wenn sie so viel Unterhalt will, will ich die Kinder öfter sehen" etc. An die Bedürfnisse der Kinder denken sie dabei nur selten.

Versuchen Sie zum Wohl Ihrer Kinder Ihre Rolle als Ehepartner von der Rolle als Mutter oder Vater zu trennen.

Akzeptieren Sie, dass möglicherweise Ihre Bedürfnisse und die Ihrer Kinder gegensätzlich sind. Es ist z. B. verständlich, wenn sich in Scheidung lebende Eltern am liebsten aus dem Weg gehen und so wenig Kontakt wie möglich zueinander haben.

Der Wunsch der Kinder nach der Aufrechterhaltung der Beziehungen zu beiden Elternteilen ist aber ebenso verständlich. Bei der Entscheidung über den Kontakt zu dem außerhalb lebenden Elternteil sollte man sich deshalb an den Wünschen und Bedürfnissen der Kinder und nicht an den eigenen orientieren.

UND DIE KINDER NEHM ICH MIT

Die Eltern müssen gemeinsam darüber entscheiden, wo sich die Kinder aufhalten. Wenn Eltern sich trennen, bleibt nämlich die elterliche Sorge zunächst so bestehen, wie sie vor der Trennung war. Weder das Gericht noch das Jugendamt werden in diesem Fall von sich aus tätig. Das heißt, die Eltern haben als verheiratetes Paar unabhängig davon, ob sie getrennt leben oder nicht, die gemeinsame elterliche Sorge für ihre Kinder und müssen gemeinsam entscheiden.

Die Eltern müssen sich darüber einigen, bei wem die Kinder nach der Trennung bleiben sollen. Eine solche Einigung kann allerdings auch stillschweigend in der Form erfolgen, dass ein Elternteil die Kinder ohne vorherige Ankündigung mitnimmt und der andere hiergegen nichts unternimmt. Ist der andere Elternteil mit der Mitnahme der Kinder aber nicht so ohne weiteres einverstanden, kann es problematisch werden.

Will man also sicher sein, dass man die Kinder auch dann nach dem Auszug aus der gemeinsamen Ehewohnung behalten kann, wenn der Ehepartner hiermit nicht einverstanden ist, sollte man sich dies vor der Trennung durch einen entsprechenden Antrag beim Familiengericht absegnen lassen. Will man mit den Kindern in der Wohnung bleiben, gibt es gegebenenfalls die Möglichkeit, sich die Ehewohnung durch das Gericht zuweisen zu lassen, wenn der Partner nicht ausziehen will.

MEINE KINDER, DEINE KINDER – WER ENTSCHEIDET?

Eltern haben heute zwei Alternativen: Entweder sie einigen sich über die Frage der elterlichen Sorge, mit welchem Ergebnis auch immer, oder sie führen vor Gericht eine Auseinandersetzung um die elterliche Sorge.

WER BEKOMMT DIE KINDER?

Bis zum 30. Juni 1998 gehörte die Entscheidung über die elterliche Sorge zu den Scheidungsfolgen, die das Familiengericht von Amts wegen regeln musste. Ein Antrag eines Elternteils war also nicht erforderlich. Seit dem 1. Juli 1998 gilt jedoch das neue Kindschaftsrecht. Jetzt entscheidet das Gericht nur noch dann über das elterliche Sorgerecht, wenn ein Elternteil dies ausdrücklich beantragt. Wird kein Antrag gestellt, so bleibt das Sorgerecht automatisch bei den Eltern gemeinsam.

GERICHTLICHE AUSEINANDERSETZUNG ...

Manchen Eltern gelingt es nicht, im Hinblick auf die elterliche Sorge zu einer Einigung zu kommen.

Einige Ehepaare sind so zerstritten, dass sie überhaupt nicht miteinander reden wollen oder können. Mancher Ehepartner will sich auch einfach nicht einigen, um dem anderen eins auszuwischen. Andere Paare sind einfach völlig unterschiedlicher Meinung und können keinen gemeinsamen Weg finden. Für diese Fälle bleibt die Möglichkeit der Anrufung des Gerichts, um die Auseinandersetzung über die elterliche Sorge – zumindest rechtlich – zu beenden und zu einer verbindlichen Regelung zu kommen.

Was Gerichte leisten können ...

Die Gerichte setzen in jedem Fall eine bestimmte Sorgerechtsregelung fest und beenden damit zunächst die Auseinandersetzungen über das Sorgerecht.

Richter können aber durchaus auch aus Konflikten heraushelfen, neue Ideen einbringen und bislang nicht gesehene Wege eröffnen. Es ist nicht ausgeschlossen, dass sich Paare noch im Rahmen des Gerichtsverfahrens über die elterliche Sorge einigen. Die meisten Familienrichter, männlich wie weiblich, die mir während meiner anwaltlichen Praxis begegnet sind, entsprechen jedenfalls nicht dem häufig in Scheidungsratgebern gezeichneten Bild vom unsensiblen Machthaber, den die psychologische Seite der Scheidung nicht interessiert und der ohnehin auf Seiten der Mutter steht.

Man darf den Wert der Erfahrung vieler Richter mit unzähligen Scheidungsverfahren und daran beteiligten Kindern nicht unterschätzen.

… und was sie nicht leisten können

Ich habe oft erlebt, dass betroffene Eltern die Entscheidung des Gerichts zum Sorgerecht als ungerecht empfanden. Tatsache ist aber, dass das Gericht nicht „gerecht“, sondern zum Wohl der Kinder entscheiden soll. Die im Rahmen von Sorgerechtsverfahren von Eltern, meistens durch ihre Anwälte, vorgetragenen Ausführungen zeigen dagegen häufig, dass Eltern nach einem gerechten Ausgleich zwischen sich verlangen. Manches vorgetragene oder vom Gericht ermittelte Verhalten eines oder beider Elternteile ist auch rechtlich und moralisch kaum zu rechtfertigen. Es verlangt geradezu nach gerechtem Ausgleich. Die Bedürfnisse der Kinder haben damit aber vielfach nichts zu tun. Der Familienrichter ist nicht dazu da, einen gerechten Ausgleich zwischen den Eltern herbeizuführen, sondern zu entscheiden, wer künftig die Verantwortung für die Kinder trägt. Für die Entscheidung des Richters über die elterliche Sorge spielt eben das Verschulden heute gerade keine Rolle mehr. Die Tatsache, dass ein Ehepartner möglicherweise das Scheitern der Ehe verursacht hat, ist allein kein Grund, ihm die Erziehung und Betreuung der Kinder nicht zu übertragen.

Keine Garantie gibt es auch dafür, dass mit dem Richterspruch alle Konflikte zwischen den Eltern gelöst sind und nun endlich Ruhe einkehrt. Allzu häufig wird nach der Sorgerechtsentscheidung im Rahmen der Umgangsregelung fröhlich weitergestritten. Ist der Umgang dann endlich ebenfalls gerichtlich geregelt (nach dem beschwerlichen Gang durch alle Instanzen), fangen manche Väter und Mütter von vorne an und beantragen eine Abänderung der ursprünglichen Sorgerechtsentscheidung (wenngleich hier in aller Regel wenig Aussicht auf Erfolg besteht – aber dazu später mehr). Das Gericht kann eine Sorgerechtsregelung aussprechen, die Eltern gleichzeitig zu kinderfreundlichem Verhalten zwingen kann es nicht.

Verantwortung tragen Sie trotzdem

Auf den ersten Blick erscheint es gar nicht so übel, die Entscheidung über die elterliche Sorge dem Richter zu überlassen. Warum nervenaufreibende Auseinandersetzungen mit dem Expartner führen, um sich zu einigen, wenn es auch vermeintlich einfacher geht. Die Sache hat aber einen Haken. Normalerweise trägt derjenige, der eine Entscheidung fällt, auch die Verantwortung für das, was daraus folgt. Im Fall von Sorgerechtsentscheidungen verbleibt die Verantwortung für die weitere Entwicklung aber bei den Eltern. Das Gericht mag die Richtung vorgeben, aber gehen muss die Familie schon selbst. Es spricht daher einiges dafür, dass die Eltern auch die Verantwortung dafür übernehmen, welche Richtung sie einschlagen. Es gibt keine Gewähr dafür, dass das Gericht die beste aller Möglichkeiten findet. Im Gegenteil kann angesichts der Notwendigkeit der gerichtlichen Auseinandersetzung die Aufgabe des Gerichts nur lauten, zu bestimmen, welche Alternative die für das Kind am wenigsten schädliche darstellt. Deshalb ist es in der Regel besser, eine Familie entwickelt die auf ihre Bedürfnisse zugeschnittene Sorgerechtsregelung in eigener Verantwortung. Den Kindern hilft dies am allerbesten, die Trennung der Eltern zu verarbeiten. Sie erfahren dadurch, dass beide Eltern trotzdem für sie da sind und ihre Belange wichtig nehmen.

... KONTRA GEMEINSAME WAHRNEHMUNG DER ELTERNVERANTWORTUNG

Gemeinsame elterliche Verantwortung darf dabei nicht mit gemeinsamem Sorgerecht verwechselt werden.

Eltern haben nach Trennung und Scheidung also grundsätzlich die Wahl, ob sie Sorgerechtsregelungen allein, zusammen mit einem Berater oder gemeinsam mit dem Jugendamt aushandeln wollen, oder aber die Wahrnehmung ihrer Interessen den Rechtsanwälten und die endgültige Entscheidung den Gerichten übertragen. Im einen Fall nehmen die Eltern ihre Verantwortung für die Kinder gemeinsam selber wahr, im anderen delegieren sie die Verantwortung an Dritte. Gemeinsame Wahrnehmung der Elternverantwortung heißt also, die Eltern entscheiden gemeinsam, wie sie in Zukunft ihre elterlichen Aufgaben ausüben wollen. Die gemeinsame Elternverantwortung greift über die einzelnen Möglichkeiten zur Regelung des Sorgerechts hinaus. Sie kann im gemeinsamen Sorgerecht ebenso wie in der elterlichen Alleinsorge münden.

Herr Schwabinger hat seine Frau nach zehn Ehejahren wegen einer neuen Partnerin verlassen. Er möchte die elterliche Sorge für die vier minderjährigen Kinder auch zukünftig gerne mit seiner Frau gemeinsam wahrnehmen. Frau Schwabinger ist völlig durcheinander. Von dem Verhältnis ihres Mannes hat sie bis zur Trennung nichts geahnt. Sie fühlt sich hintergangen und persönlich zutiefst verletzt. Auch wenn sie ihren Mann für einen sehr guten Vater hält,

Das Vorgehen des beschriebenen Ehepaares ist ein Paradebeispiel der gemeinsamen Wahrnehmung der Elternverantwortung, ohne dass die Eltern sich für ein gemeinsames Sorgerecht entschieden haben.

glaubt sie, dass es für eine gemeinsame elterliche Sorge an der notwendigen Vertrauensbasis fehlt. Sie sieht sich derzeit außerstande, zusammen mit ihrem Mann konstruktive Entscheidungen in Bezug auf die Kinder zu treffen. Andererseits möchte sie nicht ausschließen, dass dies auch wieder anders werden wird, wenn es ihr gelungen ist, die persönliche Trennung von ihrem Mann zu verarbeiten. Das Ehepaar einigt sich schließlich darauf, dass zunächst die Mutter die alleinige elterliche Sorge erhalten soll. Sie werden aber versuchen, darauf hinzuarbeiten, eines Tages ein gemeinsames Sorgerecht auszuüben. Deshalb sollen insbesondere die Kinder den unbeschränkten Umgang mit ihrem Vater pflegen können. Herr Schwabinger soll über die Entscheidungen, die seine Frau in Bezug auf die Kinder trifft, rechtzeitig und regelmäßig informiert werden. Er sichert zu, dass er die Entscheidungen seiner Frau grundsätzlich nicht infrage stellen wird, möchte aber bei wichtigen Dingen seine Meinung sagen können. Schließlich informieren die Eltern ihre Kinder über die vereinbarte Regelung. Die Kinder sind grundsätzlich einverstanden und bringen zur konkreten Ausgestaltung des Umgangs noch einige Vorschläge. Entsprechend des Antrages von Frau Schwabinger überträgt das Familiengericht zu guter Letzt die elterliche Alleinsorge für die vier Kinder unter Zustimmung des Vaters auf die Mutter.

DIE GEMEINSAME WAHRNEHMUNG DER ELTERNVERANTWORTUNG

Eltern müssen sich mit einer Einigung auf ein bestimmtes Modell der elterlichen Sorge nicht für immer festlegen. Funktioniert ein Modell in der Praxis nicht, kann es auch ohne Zustimmung des anderen Elternteils abgeändert werden.

ES GIBT VIELE MÖGLICHKEITEN DER ELTERLICHEN SORGE

Wollen Eltern ihre elterliche Verantwortung gemeinsam wahrnehmen, müssen sie, um zu guten Entscheidungen zu kommen, natürlich die verschiedenen Sorgerechtsalternativen mit ihren Vor- und Nachteilen kennen und verstehen. Dabei gibt es die beste Sorgerechtsform im eigentlichen Sinne nicht. Bezogen auf den konkreten Fall können die unterschiedlichsten Alternativen funktionieren.

GEMEINSAME ELTERLICHE SORGE NACH TRENNUNG UND SCHEIDUNG

Nach §1626 BGB haben Eltern die Pflicht und das Recht, für ihr minderjähriges Kind zu sorgen. Diese elterliche Sorge setzt sich aus der Personensorge und der Vermögenssorge zusammen.

Die Personensorge beinhaltet alle Betreuungs- und Vertretungsaufgaben für das Kind. Hierzu gehören die Pflicht und das Recht, das Kind zu pflegen, zu erziehen, zu beaufsichtigen, seinen Aufenthalt zu bestimmen, seinen Umgang mit Dritten festzulegen und es gesetzlich zu vertreten. Die Eltern entscheiden über die religiöse Erziehung des Kindes, über Fragen der Ausbildung und des Berufes und über notwendige Heilbehandlungen. Sie können auch Unterhaltsansprüche für das Kind geltend machen. In diesem Rahmen müssen die Eltern nach §1626 Absatz 2 BGB „die wachsende Fähigkeit und das wachsende Bedürfnis des Kindes zu selbstständigem, verantwortungsbewusstem Handeln berücksichtigen und mit dem Kind, soweit es nach dessen Entwicklungsstand angezeigt ist, Fragen der elterlichen Sorge besprechen und Einvernehmen anstreben ...“

Besonders wichtig ist das gesetzliche Vertretungsrecht der Eltern für das Kind. Gemeint ist damit die so genannte rechtsgeschäftliche Vertretung des Kindes. Will ein minderjähriges Kind etwa einen Vertrag abschließen, muss es sich dazu von den Eltern vertreten lassen. Bei der gemeinsamen elterlichen Sorge müssen dabei grundsätzlich beide Elternteile Erklärungen für das Kind abgeben. Das heißt natürlich nicht, dass die Eltern wegen jeder Kleinigkeit gemeinsam handeln müssen. Im Alltag wird meistens die Zustimmung eines Elternteils als ausreichend angesehen. Das gilt z. B. für den Kauf von Kleidung oder Spielzeug, die Unterschrift unter dem Zeugnis oder Ähnliches. Ein Elternteil kann den anderen Elternteil auch ausdrücklich ermächtigen, für ihn mitzuentscheiden.

Zur Vermögenssorge gehört die Verwaltung des Eigentums des Kindes sowie der daraus resultierenden Einkünfte. Von den Pflichten der Eltern in diesem Zusammenhang seien nur die wichtigsten genannt: Die Eltern sind befugt, dem Kind gehörende Sachen in Besitz zu nehmen und darüber zu verfügen. Sie müssen das Vermögen des Kindes in dessen Interesse verwalten und erhalten bzw. vermehren.

Sie können das Vermögen des Kindes nicht verschenken und Sie dürfen mit dem Vermögen nicht leichtsinnig umgehen.

Von falschen Vorstellungen

Den Begriff der gemeinsamen elterlichen Sorge für den Fall der Trennung und Scheidung verbinden viele Eltern mit lebensfremden, zum Teil exotischen Vorstellungen und Erwartungen. Gerade Frauen fürchten häufig, damit ihre gerade erst gewonnene Selbstständigkeit und Unabhängigkeit wieder zu verlieren.

Ein Beispiel: Die Mutter, die mich wegen einer Scheidungsberatung aufsucht, wirkt nervös und unsicher. Ihr Mann hat sich bereits vor anderthalb Jahren von ihr getrennt. Jetzt möchte er seine neue Partnerin heiraten und hat deshalb die Scheidung eingereicht. Eigentlich hat sie sich inzwischen damit einigermaßen abgefunden. Der Neuanfang für sich und die drei gemeinsamen Kinder ist ihr recht gut gelungen. Die Kinder sehen den Vater regelmäßig, obwohl er zwischenzeitlich in einer anderen Stadt wohnt. Trotz dieser viel versprechenden Ausführungen beginnt sie plötzlich zu weinen. Wortlos schiebt sie einen Zeitungsausschnitt über den Tisch. „Gemeinsame elterliche Sorge jetzt Regelfall" steht da. „Zukünftig müssen Eltern nach der Scheidung die Sorge für die ehelichen Kinder gemeinsam ausüben." Das könne sie doch nicht, sagt sie leise. Wie solle denn das gehen. Die Kinder hätten sich doch gerade an die neue Situation gewöhnt. Sie wolle auf keinen Fall, dass die Kinder ständig zwischen ihr und ihrem Mann hin- und hergerissen würden. Allein die Vorstellung, dass sie dann jeden Tag mit dem Vater der Kinder Kontakt haben müsse, um irgendwelche Dinge zu entscheiden, sei für sie unerträglich. Sicher werde er auch versuchen sie zu bevormunden. Und vielleicht werde er nach seiner Heirat gar versuchen, ihr die Kinder wegzunehmen.

Viele Mütter und Väter haben noch falsche Vorstellungen vom gemeinsamen Sorgerecht.

Viele der Ängste dieser Mutter sind weit verbreitet. Tatsächlich beruhen sie auf einer völlig falschen Vorstellung der gesetzlichen Ausgestaltung des gemeinsamen Sorgerechts nach Trennung und Scheidung. Das liegt unter anderem daran, dass in der öffentlichen Diskussion über das gemeinsame Sorgerecht der Aspekt der möglichst gerechten „Verteilung" der Kinder im Vordergrund stand. Zu Unrecht. Gemeinsames Sorgerecht bedeutet nicht „Halbierung" der Kinder. Die Entscheidungen und Zuständigkeiten müssen gerade nicht zwischen den Eltern halbiert werden. Schon gar nicht bedeutet gemeinsame Sorge, dass die Kinder mit mehr oder weniger gleichen Zeitanteilen zwischen den Eltern hin- und herpendeln müssen. Die Betonung liegt dabei vielmehr auf der gemeinsamen einvernehmlichen Wahrnehmung der elterlichen Verantwortung. Das heißt aber andererseits auch nicht, dass Eltern jetzt über alle das Kind betreffenden Dinge gemeinsam entscheiden müssen.

Die gemeinsame elterliche Sorge nach Trennung und Scheidung unterscheidet sich in einigen Punkten von derjenigen vor der Trennung der Eltern.

Die gemeinsame Sorge hat nach dem neuen Recht eine gesetzlich festgelegte Struktur, aber keine starr festgelegte Ausgestaltung. Mit dem gemeinsamen Sorgerecht haben geschiedene Eltern die Möglichkeit, unterschiedliche Konzepte bei der Wahrnehmung ihrer elterlichen Aufgaben zu verwirklichen. Innerhalb dieses Spielraumes lassen sich zahlreiche unterschiedliche Formen eines gemeinsamen Sorgerechts umsetzen – genau wie bei verheirateten Eltern auch. In Familien werden heute viele Formen der Wahrnehmung von Elternaufgaben gelebt. Die Palette reicht von der extrem einseitigen Zuständigkeit eines Elternteils für die Belange der Kinder – meist der Mutter – bis hin zur völlig partnerschaftlichen und gerechten Aufteilung der Aufgaben. Welche Lösung eine bestimmte Familie wählt, kann sie selbst entscheiden. Wichtig ist allein, dass beide Elternteile dieses Muster akzeptieren. So soll es auch nach der Scheidung bleiben. Andererseits verändert sich aber nach Trennung und Scheidung die Lebens- und Alltagssituation der Familie. Dem wird im Rahmen der gesetzlichen Ausgestaltung Rechnung getragen. Für die Mutter aus obigem Beispiel würde das bedeuten, dass sie sich allein fragen muss, ob sie und die Kinder mit dem seit anderthalb Jahren praktizierten gemeinsamen Sorgerecht zufrieden sind. Wenn sie bisher mit dieser Aufgabenverteilung einverstanden war und alle Beteiligten sich wohl fühlten, ist zunächst nicht zu befürchten, dass sich daran nach der Scheidung praktisch etwas ändern wird.

Zu viel Gemeinsamkeit schadet

Auch dem Gesetzgeber war bewusst, dass gemeinsame Entscheidungen bei getrennten Eltern nicht mehr so leicht herzustellen sind wie in einer „intakten" Familie. Dies gilt schon allein wegen der räumlichen Trennung. Er hat sich deshalb darum bemüht, die gemeinsame Sorge praktikabel zu gestalten. Insbesondere sollte verhindert werden, dass Eltern über vergleichsweise unwichtige Dinge streiten und damit die gemeinsame Ausübung des Sorgerechts gefährden. Die Regelungen des § 1687 BGB unterscheidet deshalb zwischen „Angelegenheiten von erheblicher Bedeutung" und „Angelegenheiten des täglichen Lebens".

Gemeinsames Sorgerecht trotz getrennter Eltern – nicht immer problemlos.

Angelegenheiten von erheblicher Bedeutung müssen die Eltern untereinander abstimmen und gemeinsam entscheiden. Dazu gehören etwa Entscheidungen über die Schul- und Berufsausbildung, den Aufenthaltsort, die Einwilligung in größere oder gefährliche Operationen, Anlage und Verwendung des Kindesvermögens, die religiöse Erziehung oder der Umgang mit Dritten. Nur bei Gefahr im Verzug kann ein Elternteil nach § 1629 Absatz 1 Satz 4 BGB allein entscheiden. Ist z. B. der Vater gerade im Urlaub, während beim Kind wegen einer akuten Erkrankung eine Operation notwendig wird, kann die Mutter die Zustimmung hierzu selbstverständlich alleine geben.

Über die Angelegenheiten des täglichen Lebens entscheidet dagegen der Elternteil, bei dem das Kind sich gewöhnlich aufhält, allein. Dazu zählen alle Entscheidungen, die häufig vorkommen und keine schwer abzuändernden Auswirkungen auf die Entwicklung des Kindes haben. Das sind z. B. Essensfragen, Bestimmung der Schlafenszeit oder

der Fernsehzeiten, Routineerlaubnisse wie zu Schulausflügen oder die Verwendung kleinerer Geldgeschenke.

Ob eine Angelegenheit von erheblicher Bedeutung ist oder zum täglichen Leben gehört, ist nicht immer einfach voneinander abzugrenzen. Im Zweifelsfall ist eine gemeinsame Entscheidung vorzuziehen. Zur Verdeutlichung eine Gegenüberstellung bei einzelnen Themenkreisen:

Gemeinsame Entscheidungen	***Alleinentscheidungsrecht***
Bei wem lebt das Kind?	*Darf das Kind ins Ferienlager; zum Schulausflug?*
Mit wem pflegt das Kind Umgang?	*Darf das Kind heute mit seinen Freunden spielen?*
Soll das Kind operiert werden?	*Muss das Kind wegen der Erkältung zum Arzt?*
Soll das Kind auf das Gymnasium?	*Braucht das Kind Nachhilfe; nimmt das Kind am Schulfest teil?*
Wie wird die Erbschaft des Kindes von der Großmutter angelegt?	*Wie werden die 100,- DM von Oma verwendet?*

Der Elternteil, der sein Umgangsrecht wahrnimmt, darf über die konkrete Betreuung allein entscheiden, solange sich das Kind bei ihm aufhält. Er kann z. B. entscheiden, wann das Kind ins Bett geht, wie er die Tage gestaltet oder ob sich das Kind mit Freunden oder Bekannten treffen darf.

Von entscheidender Bedeutung für den hauptsächlich betreuenden Elternteil ist daneben, ob er bei gemeinsamer elterlicher Sorge gegen den anderen Elternteil Ansprüche auf Kindesunterhalt geltend machen kann. Er kann – insoweit hat er die alleinige gesetzliche Vertretungsbefugnis.

Man kann versuchen, die negativen Folgen einer Scheidung für die Kinder zu minimieren, die Trennung der Eltern leugnen kann man aber nicht.

Die Verteilung der Entscheidungskompetenzen trägt ganz erheblich zur Praktikabilität des gemeinsamen Sorgerechts nach Trennung und Scheidung bei. Zu viel „verordnete“ Gemeinsamkeit würde dem Umstand, dass das Paar sich getrennt hat und nicht länger zusammenlebt, nicht gerecht. Es wäre sicher kontraproduktiv, wenn man durch die Forderung, alle Entscheidungen müssten gemeinsam getroffen werden, das Konfliktpotenzial zwischen den Eltern noch unnötig erhöhen würde.

Anpassung an die neue Lebenssituation

Wie sie im Einzelnen nach der Trennung ihre gemeinsame elterliche Verantwortung wahrnehmen, bleibt den Eltern weitgehend selbst überlassen, wenn sie sie nur wahrnehmen. Dazu gehört wie dargelegt die tägliche Betreuung und Pflege des Kindes. Eltern mit gemeinsamem Sorgerecht stehen verschiedene Modelle für die Betreuung der Kinder zur Verfügung.

Der häufigste Fall ist das so genannte „Residenzmodell“: Die Kinder leben ständig bei einem Elternteil, von dem sie auch betreut werden. In den meisten Fällen ist dies heute noch die Mutter. Der andere Elternteil betreut die Kinder vollverantwortlich, wenn sie sich bei ihm aufhalten, und übernimmt gegebenenfalls einen mehr oder weniger großen Teil der Alltagsaufgaben.

Beim „Wechselmodell“ leben die Kinder abwechselnd in ungefähr gleich langen Phasen in den jeweiligen Haushalten beider Eltern. Dies beinhaltet natürlich, dass beide

Elternteile für ihren eigenen Unterhalt selber und für den Unterhalt der Kinder gemeinsam aufkommen. Gerade für viele Mütter kann dies aber eine gute Möglichkeit sein, den Wiedereinstieg in das Berufsleben zu finden und dabei nicht mit Betreuungs- und Erziehungsaufgaben überlastet zu sein. Häufig wird hiergegen eingewandt, für die Kinder sei ein solches Modell mit zu viel Unruhe verbunden. Auch wüssten sie gar nicht mehr richtig, wo sie eigentlich hingehören. Eine grundsätzliche Ablehnung oder auch Bestätigung dieser These würde umfangreiche psychologische Untersuchungen erfordern. Meine Erfahrung in der Praxis mit Elternpaaren, die dieses Modell praktizieren, hat gezeigt, dass sich die Kinder dabei sehr wohl fühlen. Die Kinder sind froh, die Sicherheit und Geborgenheit beider Eltern genießen zu können.

Die Tatsache, dass sie in zwei Wohnungen zu Hause sind, finden Kinder oft toll.

Verschiedentlich wird auch die Wohnung der Kinder zum festen Lebensmittelpunkt, und die Eltern wechseln in ihrer Anwesenheit („Vogelnestmodell"). Vor allem für kleinere Kinder hat dies den Vorteil, dass sie nicht ständig zwischen zwei Wohnungen hin- und herwechseln müssen. Für Eltern ist dieses Modell allerdings sehr anstrengend und kostenintensiv.

Eltern können auch nach einem Funktionsmodell leben, bei dem sie verschiedene Betreuungs- und Erziehungsaufgaben sachlich untereinander aufteilen.

Die konkreten Ausformungen dieser Modelle im Einzelfall hängen etwa vom Alter oder Geschlecht der Kinder, von besonderen Bedürfnissen einzelner Kinder (z.B. bei bestehenden Krankheiten) oder im Verlauf der Zeit wechselnden Wünschen von allen Beteiligten ab. Auch sind die Möglichkeiten der Ausgestaltung des gemeinsamen Sorgerechts mit diesen drei Modellen keineswegs erschöpft. Welches Modell eine Familie wählt oder ob sie eine völlig eigenständige Lösung entwickelt, kann jede Familie für sich selbst entscheiden.

In der Möglichkeit, die Wahrnehmung elterlicher Aufgaben frei zu gestalten und vor allem auch beizubehalten, liegt der eigentliche große Vorteil des gemeinsamen Sorgerechts für Eltern und Kinder.

Und wenns Probleme gibt?

Trotz aller Kooperationsbereitschaft der Eltern bei der Wahrnehmung des gemeinsamen Sorgerechts kann es natürlich zu Konflikten kommen. In §1627 Satz 1 BGB heißt es für diesen Fall lapidar: „Bei Meinungsverschiedenheiten müssen [die Eltern] versuchen, sich zu einigen." Von Eltern wird also zunächst erwartet, dass sie sich auf die eine oder andere Art zusammenraufen. Ein Patentrezept zur Lösung von Konflikten ist das nicht gerade.

Wo Eltern mit einzelnen Entscheidungen oder dem gemeinsamen Sorgerecht insgesamt Schwierigkeiten haben, sollten sie qualifizierte Hilfestellung in Anspruch nehmen. Hilfe ist z. B. von den Jugendämtern, vom Sozialdienst oder von Erziehungsberatungsstellen zu bekommen. Dies ist zunächst einmal der einfachste und konstruktivste Weg. Die bisherige Erfahrung mit der gemeinsamen Sorge hat gezeigt, das nicht die gemeinsame Sorge an sich problematisch ist, sondern die Abgrenzung von Partnerschafts- zu Elternproblemen. Dem kann durch die Hinzuziehung qualifizierter Berater begegnet werden.

Trotzdem kann es vorkommen, dass Eltern nicht zu einer gemeinsamen Lösung finden. Können sich Eltern in einer Angelegenheit von erheblicher Bedeutung absolut nicht einigen, muss gegebenenfalls das Familiengericht angerufen werden. Das Familiengericht kann dann die Entscheidung über die betreffende Frage einem Elternteil allein übertragen, wenn dies dem Wohl des Kindes entspricht. In der Praxis habe ich ein solches Verfahren nur einmal erlebt. Der Vater war der Ansicht, sein Sohn solle nach dem Realschulabschluss zunächst eine Lehre machen und sich danach entscheiden, wie er sich seinen weiteren Lebensweg vorstellt. Demgegenüber wollte die Mutter, dass der Sohn unmittelbar eine weiterführende Schule besucht. Das Familiengericht hat hier die Entscheidungsbefugnis für die Frage des Besuchs der weiterführenden Schule im Ergebnis auf die Mutter übertragen.

Es kann auch vorkommen, dass der eine Elternteil bei alltäglichen Fragen etwas entscheidet, von dem der andere glaubt, dass es dem Kind schadet – z. B. wenn der Vater das Kind am Wochenende mit Süßigkeiten voll stopft, es aus gesundheitlichen Gründen aber eine Diät einhalten sollte. Auch in einem solchen Fall kann sich der andere Elternteil an das Familiengericht wenden. Das Gericht kann die Alleinentscheidungsbefugnis des unvernünftig handelnden Elternteils dann einschränken oder ausschließen. Natürlich geht das nicht wegen jeder Kleinigkeit, bei der die Eltern unterschiedlicher Meinung sind. Nur wenn ohne Eingreifen des Gerichts das Kind oder seine Interessen eine ungünstige Entwicklung nehmen könnten, darf das Gericht tätig werden.

Ein Eingreifen des Gerichts setzt das Kindeswohl nachhaltig berührende Gründe voraus.

Werden die Konflikte zwischen den Eltern über die Belange der Kinder allerdings zu groß und zu häufig, kann und muss im Einzelfall vielleicht auch die einmal getroffene Sorgerechtsregelung überdacht und sogar abgeändert werden.

Gemeinsame Sorge ist kein Allheilmittel

Bei allen Vorteilen der gemeinsamen elterlichen Sorge vor allem für die Kinder soll nicht geleugnet werden, dass auch hier wie bei allen menschlichen Freiheiten die Gefahr des Missbrauchs besteht. Die Wahl oder Ablehnung einer gemeinsamen Sorge kann auch aus sachfremden Motiven erfolgen. Sie lässt sich möglicherweise als Druckmittel gegen den geschiedenen Partner einsetzen. Oder sie dient als

Rechtfertigung zur Einmischung in den Lebens- und Privatbereich des Expartners. Dem vorzubeugen ist nahezu unmöglich. Auch hier gilt aber, dass es allemal einen Versuch wert ist.

DIE ELTERLICHE ALLEINSORGE

Heute hat in den meisten Fällen die Mutter das alleinige Sorgerecht.

Wenn nur ein Elternteil das alleinige Sorgerecht erhält, ist das meistens die Mutter. Der Vater hat dann ein Umgangsrecht. Den Schluss, dass es sich deshalb auch um die beste Regelung handelt, darf man hieraus freilich nicht ziehen. Ob sich in Zukunft durch die Kindschaftsrechtsreform an der Statistik etwas ändern wird, bleibt abzuwarten.

Alleinige elterliche Sorge bedeutet, dass ein Elternteil alle Entscheidungen bezüglich der Kinder alleine trifft. Der andere hat lediglich das Recht und die Pflicht zum persönlichen Umgang und zur Zahlung des Kindesunterhalts.

Anordnung durch das Gericht

Haben sich die Eltern geeinigt, dass einer von ihnen beiden die alleinige elterliche Sorge erhalten soll, muss beim Familiengericht ein entsprechender Antrag gestellt werden. Allein der Antrag des einen Elternteils und die Zustimmung des anderen hierzu rechtfertigen grundsätzlich die Anordnung der elterlichen Alleinsorge. Nur wenn ein über 14 Jahre altes Kind der Alleinsorge widerspricht, muss das Gericht genau prüfen, welche Regelung für das Kind die beste Lösung ist.

Vereinbarungen zwischen den Eltern

Natürlich können Eltern auch bei alleiniger elterlicher Sorge miteinander bestimmte Vereinbarungen treffen, die eine stärkere Beteiligung des nicht sorgeberechtigten Elternteils ermöglichen. Der Fantasie der Eltern sind hier keine Grenzen gesetzt. Herr und Frau Steinmann haben z. B. vereinbart, dass die sorgeberechtigte Mutter Entscheidungen über die schulischen Angelegenheiten der vier minderjährigen Kinder nicht ohne Mitwirkung des Vaters trifft. Aus diesem Grund hat sie ihn auch berechtigt, bei den Schulen Auskünfte über die Kinder einzuholen.

Haben Sie sich gemeinsam mit dem anderen Elternteil für eine Alleinsorge ohne weitere Modifizierungen entschieden, ist mit der entsprechenden Anordnung des Gerichts alles geregelt. Soweit Sie zu konkreten Ausgestaltung weitere Vereinbarungen getroffen haben, sollten Sie diese schriftlich festhalten. Eine Gewähr, dass sich beide an die Vereinbarung halten, haben sie damit freilich noch nicht. Auseinandersetzungen über deren Inhalt lassen sich damit aber vermeiden. Vergessen sie aber nicht, dass solche Vereinbarungen, auch wenn sie schriftlich niedergelegt wurden, juristisch nicht als Vertrag gewertet werden.

Solche Vereinbarungen sind nicht rechtlich bindend und können einseitig formlos widerrufen werden.

KOMBINIERTE SORGERECHTSMODELLE

In Erweiterung der oben beschriebenen Möglichkeiten wird bei den kombinierten Sorgerechtsmodellen die Aufteilung der Entscheidungsbefugnisse durch das Gericht auf Wunsch der Eltern angeordnet. Gegenüber einer bloßen Vereinbarung zwischen den Eltern hat dies den Vorteil, dass die Regelung Wirkungen nach außen entfaltet und deren Einhaltung nicht mehr nur vom guten Willen der Parteien abhängt. Am besten lässt sich das anhand von ein paar Beispielen aus der Praxis verdeutlichen:

Herr Maler hätte gerne ein gemeinsames Sorgerecht für seine beiden 13- und 16-jährigen Söhne gehabt. Seine Frau

Das kombinierte Sorgerechtsmodell kann zu einer zusätzlichen Befriedung der Eltern führen.

hält dies aber nicht für praktikabel, da sich Herr Maler als internationaler Immobilienmakler oft und über längere Zeiträume im Ausland aufhält. Nach zähem Ringen erklärt Herr Maler, dass er sich mit einem alleinigen Sorgerecht für seine Frau grundsätzlich einverstanden erklären könne. Er wolle aber weiterhin über die Verwendung des Vermögens seiner Söhne mitentscheiden. In der Vergangenheit haben die Eltern im gegenseitigen Einvernehmen eine nicht unerhebliche Summe Geld auf die beiden Kinder angelegt, welches ihnen später einmal eine gute Ausbildung ermöglichen soll. Herr Maler glaubt, seine Frau sei allein nicht in der Lage, die Gelder optimal zu verwalten. Obwohl Frau Maler weiß, dass sie sehr wohl auch alleine hierzu in der Lage wäre, hat sie gegen ein Mitspracherecht ihres Mannes nichts einzuwenden. Schließlich haben beide den Wunsch, dass das Geld den Kindern zugute kommt, und wollen es nicht für sich selbst verwenden. Frau Maler erklärt deshalb, sie werde ohne ihren Mann auch bei Alleinsorge über das Vermögen nicht verfügen. So ganz mag Herr Maler seiner Frau aber nicht vertrauen. Schließlich hat er kaum Möglichkeiten, wenn sie bei bestehender Alleinsorge entgegen der Abmachung über die Gelder verfügt – beschließt etwa, diese anders anzulegen. Schließlich geht es dabei um viel Geld und vor allem auch um Kapitaleinkünfte. Herr und Frau Maler stellen deshalb nach entsprechender Beratung bei Gericht den folgenden Antrag: Die elterliche Sorge für die beiden Söhne der Parteien wird auf die Mutter übertragen. Hinsichtlich der Vermögenssorge bleibt es beim gemeinsamen Sorgerecht der Parteien. Das Familiengericht ordnet die elterliche Sorge entsprechend dem Antrag an. Bis heute gab es damit keine Probleme.

Ein anderes Beispiel: Das Ehepaar Zimmermann hatte während der Trennungszeit erhebliche Auseinandersetzungen, bei wem die inzwischen neun Jahre alte Tochter Katrin in Zukunft leben sollte. Daneben waren sich aber beide einig, dass sie die elterliche Sorge gemeinsam ausüben wollen. Schließlich gab der Vater nach und stimmte zu, dass die Tochter ihren gewöhnlichen Aufenthalt bei der Mutter hat. Frau Zimmermann freut sich darüber, traut dem Frieden allerdings noch nicht ganz. Sie fürchtet, dass die Auseinandersetzung über den gewöhnlichen Aufenthaltsort der Tochter nach dem Ausspruch der Scheidung von ihrem Mann doch wieder fortgesetzt wird, und erwägt deshalb die Übertragung der elterlichen Sorge auf sich allein zu beantragen. Dies wiederum bringt Herrn Zimmermann nicht unerheblich in Rage. Zunächst sieht es so aus, als könnten sich die Eltern nicht einigen. Dann stellen sie anlässlich der Scheidung den folgenden Antrag an das Familiengericht: Das Aufenthaltsbestimmungsrecht für die gemeinsame minderjährige Tochter Katrin wird auf die Mutter übertragen. Im Übrigen verbleibt es bei der gemeinsamen Sorge der Parteien. Das Gericht entschied gemäß dem Antrag der Eltern.

Mögliche Gestaltungen

Es muss sich bei den kombinierten Modellen um eine Aufteilung von Entscheidungsbefugnissen und nicht nur um eine einzelne Erlaubnis handeln. Erlaubt eine alleinsorgeberechtigte Mutter dem Vater etwa, bei der Schule oder bei Ärzten direkt Auskünfte über das Kind einzuholen, handelt es sich dabei nicht um eine Aufteilung von Entscheidungsbefugnissen. Eine solche Vereinbarung würde durch das Gericht nicht angeordnet werden, es verbliebe vielmehr bei der Anordnung der elterlichen Alleinsorge.

Es kommt häufiger vor, dass bei Geschwistern das eine Kind bei der Mutter und das andere beim Vater lebt.

Nicht möglich ist es, die Übertragung der elterlichen Sorge mit Bedingungen oder zeitlichen Begrenzungen zu verknüpfen. Unzulässig wäre es z. B. zu beantragen, dass einem Elternteil die Alleinsorge übertragen wird und im Falle, dass er den Wohnort wechselt, das Sorgerecht auf den anderen Elternteil übergeht. Dasselbe gilt, wenn die Alleinsorge auf einen Elternteil übertragen werden soll, solange dieser nicht wieder heiratet. Ein Beispiel für eine zeitliche Befristung wäre, wenn die elterliche Sorge bis zu einem bestimmten Alter des Kindes von dem einen und danach von dem anderen Elternteil ausgeübt werden soll.

So vorteilhaft es für Kinder ist, wenn sich Eltern über die elterliche Sorge einigen und damit relativ konfliktfrei miteinander umgehen können – es muss sehr genau überlegt werden, ob dies die Nachteile einer Geschwistertrennung auszugleichen vermag.

Zu den möglichen Gestaltungen kombinierter Modelle gehört auch die Möglichkeit, bei mehreren Kindern für jedes einzelne Kind unterschiedliche Sorgerechtsregelungen zu vereinbaren. Grundsätzlich ist dies ohne weiteres möglich. Ich möchte aber davor warnen, Geschwister auseinander zu reißen, um die Bedürfnisse der Eltern nach Gerechtigkeit zu befriedigen. Aus meiner Sicht sollte eine Trennung von Geschwistern nur dann in Betracht kommen, wenn ein Elternteil mit der Betreuung mehrerer Kinder überfordert wäre oder die Kinder sich nicht verstehen.

NICHTS IST FÜR DIE EWIGKEIT

Scheuen Sie sich nicht, auch im Rahmen der elterlichen Sorge Dinge auszuprobieren. Viele Elternteile verbauen sich und ihren Kindern auf der Suche nach der ein für allemal gültigen und perfekten Lösung viele Möglichkeiten. Natürlich brauchen Kinder Sicherheit und Kontinuität. Aber auch Kinder entwickeln und verändern sich. Die zahlreichen Erfahrungen, die während und nach einer Scheidung von der Familie gemacht werden, sind für alle Beteiligten neu. Viele Einschätzungen und Gewohnheiten müssen angesichts der manchmal massiven Veränderungen neu überdacht werden. Manche Entscheidung muss deshalb erst ausprobiert, verbessert, angenommen oder eben auch verworfen werden.

Die Einigung der Eltern über die Art der Betreuung und Versorgung der Kinder muss nicht für die Ewigkeit sein.

DER STREIT UMS SORGERECHT VOR GERICHT

Können sich Eltern nicht darauf einigen, wie sie nach Trennung und Scheidung ihre elterliche Verantwortung für die Kinder wahrnehmen wollen, muss die Entscheidung dem Familiengericht übertragen werden.

DAS SORGERECHT – VERSCHIEDENE REGELUNGEN

Nach neuem Recht setzt ein Sorgerechtsverfahren nur voraus, dass die Eltern getrennt leben, ein Scheidungsverfahren ist nicht mehr erforderlich. Ein Sorgerechtsverfahren kann demnach schon vor der Scheidung durchgeführt werden oder auch der Scheidung nachfolgen.

ENTSCHEIDUNGSMÖGLICHKEITEN DES GERICHTS

Der Antrag eines Elternteils muss den Inhalt haben, dem Antragsteller die Alleinsorge ganz oder teilweise einzuräumen.

Das Gericht kann dem Antrag stattgeben. Dann wird demjenigen, der den Antrag gestellt hat, die elterliche Sorge ganz oder teilweise allein zugewiesen. War der Antrag nur auf Übertragung eines Teils der elterlichen Sorge gerichtet, etwa auf Übertragung des Aufenthaltsbestimmungsrechts, dann tritt ein kombiniertes Sorgerechtsmodell ein.

Der Antrag kann vom Gericht auch zurückgewiesen werden. Dann bleibt es bei der gemeinsamen elterlichen Sorge, wie sie vom Gesetz vorgesehen ist. Das bedeutet, dass es nach neuem Recht vorkommen kann, dass Eltern auch dann weiter gemeinsam sorgeberechtigt bleiben, wenn sie völlig zerstritten sind und beide unbedingt das alleinige Sorgerecht wollen.

Möglich ist auch, dass das Gericht dem Antrag teilweise stattgibt. Dies kann es tun, wenn es glaubt, für das Wohl des

Kindes genüge es, nur bestimmte Teile auf einen Elternteil alleine zu übertragen. So etwa, wenn eine Mutter das alleinige Sorgerecht beantragt, das Gericht aber der Auffassung ist, zur Lösung der Konflikte genüge es, wenn ihr die Personensorge übertragen werde.

DIE SUCHE NACH DER BESTEN LÖSUNG

Dem Antrag auf Übertragung der Alleinsorge ist stattzugeben, „soweit zu erwarten ist, dass die Aufhebung der gemeinsamen Sorge und die Übertragung auf den Antragsteller dem Wohl des Kindes am besten entspricht“. Die Prüfung des Gerichts erfolgt also in zwei Schritten. Das Gericht muss

- sich davon überzeugen, dass die gemeinsame Sorge nicht funktionieren wird, und dann
- prüfen, ob die Übertragung der Alleinsorge gerade auf den Antragsteller die beste Lösung darstellt.

Wenn das Gericht meint, der andere Elternteil wäre eigentlich der besser geeignete, darf es diesem die Alleinsorge nur dann übertragen, wenn er sie beantragt hat. Sonst muss es bei der gemeinsamen Sorge bleiben.

Um beurteilen zu können, welche Lösung dem Wohl des Kindes am besten entspricht, muss oder kann das Gericht eine ganze Reihe von Ermittlungen durchführen. Im Wesentlichen stehen ihm dabei die folgenden Möglichkeiten zur Verfügung: die Anhörung der Eltern, die Anhörung der Kinder, der Jugendamtsbericht und, soweit es dies für nötig hält, das Sachverständigengutachten.

Anhörung der Kinder

Kinder müssen persönlich angehört werden, „wenn die Neigungen, Bindungen oder der Wille des Kindes für die Entscheidung von Bedeutung sind oder wenn es zur Feststel-

In der Regel werden die Kinder in Abwesenheit der Eltern und der Rechtsanwälte angehört.

lung des Sachverhalts angezeigt erscheint, dass sich das Gericht von dem Kind einen unmittelbaren Eindruck verschafft". Im Klartext bedeutet das, dass die Kinder so gut wie immer angehört werden müssen. Das gilt selbst für Kleinkinder.

Viele Kinder haben Angst vor der richterlichen Anhörung. Die Situation ist für sie neu und ungewohnt und sie haben einen Heidenrespekt vor der Person des Richters. Oft glauben sie, dass sie sich für einen Elternteil entscheiden werden müssen. Diese Ängste sind unbegründet. Sagen Sie Ihrem Kind, dass Richter auch nur Menschen sind, die den Eltern helfen, ihre Auseinandersetzungen zu beenden. Dies allein macht für viele Kinder den Richter schon sympathisch. Die meisten Richter sind darum bemüht, die Anhörung kindgerecht durchzuführen. In der Regel treten sie in normaler Kleidung und nicht in schwarzer Robe auf. Kleinere Kinder dürfen auch malen oder spielen und sich schon mal auf den Stuhl des Richters setzen. Lediglich bei einigen Oberlandesgerichten muss man noch damit rechnen, dass drei schwarzgekleidete Gestalten vom hohen Richtertisch auf ein kleines Kind herabsehen. Erklären Sie Ihrem Kind, dass es sich nicht entscheiden muss. Sagen Sie ihm, dass beide Elternteile es so gern haben, dass sie sich darüber streiten, wer mehr von ihm bekommt und dass deshalb der Richter entscheiden muss und nicht das Kind selber. Auch für ältere Kinder kann die Versicherung, dass sie sich nicht entscheiden müssen, sehr wichtig sein. Gerade ältere Kinder fühlen die Last zur Entscheidung besonders deutlich. Versuchen Sie auch bitte nicht, das Kind vor der Anhörung in Ihrem Sinne zu beeinflussen. Für das Kind ist das ausgesprochen belastend. In den meisten Fällen bringt es auch schlichtweg nichts und wirkt sich eher negativ aus. In einem Fall hat die Mutter massiv versucht, ihre fünfjährige

Tochter gegen den Vater einzunehmen. In der Anhörung hat das Kind keinen Zweifel daran gelassen, dass es keinen Wert auf Kontakt mit dem Vater legt. Dabei hat sich das Kind durchaus altersgemäß verhalten und ausgedrückt. Insgesamt wirkte das Kind auf den Richter sehr überzeugend. Erhebliche Zweifel ergaben sich allerdings aus der Tatsache, dass die Tochter zum Vater vor der Trennung eine sehr enge und liebevolle Beziehung hatte. Schließlich konnte der Richter davon überzeugt werden, das Kind entgegen der normalen Praxis im Beisein des Vaters ohne die Mutter anzuhören. Zunächst zeigte sich die Tochter auch ausgesprochen zurückhaltend. Der Richter begann dann mit ihr zu spielen. Nach einer Weile fragte er, ob der Vater mitspielen dürfe. Das Kind zeigte sich hierüber sogar erfreut. Im Laufe des Spiels näherte es sich dem Vater immer mehr. Schließlich zog der Richter sich aus dem Spiel zurück und begnügte sich damit, Vater und Tochter zu beobachten.

Mutter oder Vater sollten das Kind vor der Anhörung nicht in ihrem Sinne beeinflussen.

Nach einer Weile setzte sich die Tochter beim Vater auf den Schoß und umarmte ihn. Als der Richter die Begegnung beendete, fragte das Kind, wann es wieder mit dem Vater spielen dürfe. Es ist offensichtlich, dass sich hier der Verdacht einer Beeinflussung durch die Mutter geradezu aufdrängen musste.

Auch wenn die Anhörung durch das Gericht nicht so schlimm ist, wie manches Kind dies erwartet, sollten Sie trotzdem versuchen, die wiederholte Anhörung Ihrer Kinder zu vermeiden. Ich habe es einmal erlebt, dass zwei Kinder zunächst dreimal vom Familiengericht angehört wurden, dann einmal in der zweiten Instanz vom Oberlandesgericht und schließlich noch einmal vom Familiengericht, um letztendlich doch noch durch den Sachverständigen untersucht zu werden. Selbst das gutmütigste Kind hat dann irgendwann die Nase voll.

Jugendamtsberichte

Das Jugendamt ist grundsätzlich vom Familiengericht zur Frage der elterlichen Sorge anzuhören. Zu diesem Zweck wird zumindest der Elternteil, bei dem die Kinder leben, von einem Mitarbeiter des Jugendamtes aufgesucht. Die Jugendamtsberichte leiden meistens unter dem Manko, dass sie nur die äußeren Lebensumstände der Eltern beschreiben – häufig sogar nur die desjenigen, bei dem sich die Kinder aufhalten. Die Berichte enthalten dann Äußerungen über die Größe der Wohnung, deren Einrichtung oder darüber, ob es in der Nähe einen Kindergarten oder eine Schule gibt. Allenfalls berichten sie noch über den Eindruck, den die Mitarbeiter des Jugendamtes von dem Kind oder den Kindern und dem beim Besuch anwesenden Elternteil haben. Im Ergebnis heißt es dann häufig: „Das Jugendamt hält die Mutter (oder auch den Vater) für geeignet, die Erziehung des Kindes zu übernehmen. Gegen eine Übertragung des Sorgerechts gegen die Mutter ist nichts einzuwenden."

Sachverständigengutachten

Um zu einer Entscheidung zu kommen, kann sich der Richter sachverständiger Hilfe bedienen. Er wird dies immer dann tun, wenn er glaubt, dass seine eigene Sachkunde nicht ausreicht, um wichtige das Kindeswohl berührende Fragen zu beantworten.

Tatsächlich holen die Gerichte relativ selten die Gutachten von Sachverständigen ein.

Der beauftragte Sachverständige befragt zunächst die Kinder und hört beide Elternteile zur Frage des Sorgerechts an. Eine Besprechung mit beiden Elternteilen gleichzeitig – ohne Gegenwart der Kinder – wird er nur durchführen, wenn ein gemeinsames Sorgerecht infrage kommt. Mit den Kindern wird dann eine Reihe psychologischer Persönlichkeitstests durchgeführt, deren Auswahl dem Sachverständigen obliegt. Manchmal führt dieser auch Hausbesuche bei einem oder bei beiden Elternteilen durch. Dies ist vor allem dann sinnvoll, wenn bei kleineren Kindern Wert auf die Verhaltensbeobachtung gelegt wird. Schließlich wertet der Sachverständige seine Befunde aus und erstellt sein Gutachten.

Häufig äußern Eltern oder Elternteile, dass sie Kinder nicht einer Untersuchung durch den Sachverständigen aussetzen wollen. In den meisten Fällen stellt die Befragung und Untersuchung durch den Sachverständigen aber keine Belastung für die Kinder dar. Sie bieten den Kindern vielmehr häufig eine Aussprachemöglichkeit, die diese gerne in Anspruch nehmen. Im Gegensatz zur richterlichen Anhörung müssen sie sich auch nicht so direkt äußern. Oft haben sie bei der Befragung vom Gericht das Gefühl, sich äußern zu können, ohne für einen Elternteil Partei ergreifen zu müssen.

Machen Sie Ihren Kindern nicht unnötig Angst vor dem Sachverständigen.

WAS ENTSPRICHT DEM WOHL DES KINDES AM BESTEN?

Wichtigstes Kriterium dafür, ob die gemeinsame elterliche Sorge funktionieren wird, ist die Kooperationsfähigkeit und -willigkeit der Eltern. Es reicht aber nicht aus, wenn ein Elternteil einfach erklärt, er wolle nicht kooperieren. Das heißt eigentlich nur, dass er keine gemeinsame elterliche Sorge möchte. Die Frage ist vielmehr, ob die Eltern kooperieren könnten und wollten, wenn das Gericht ihnen die gemeinsame Sorge quasi aufdrängt. Davon ist auszugehen, wenn deutlich wird, dass die Eltern zwar mit sich und der gemeinsamen Sorge Probleme haben, aber in Fragen, die das Kind betreffen, weitgehend übereinstimmen.

Zwischen dem Ehepaar Bandmann ist anlässlich der Trennung eine heftige Auseinandersetzung um das Sorgerecht für die beiden Kinder entbrannt. Der Vater ist zwar damit einverstanden, dass die Kinder bei der Mutter leben, will aber unter allen Umständen die gemeinsame elterliche Sorge beibehalten. Frau Bandmann weigert sich dagegen beharrlich, einer gemeinsamen Sorge zuzustimmen. Sie hat für beide Kinder die Alleinsorge beantragt. Ihrer Ansicht nach fehlt es für eine gemeinsame Sorge an der Kooperationsfähigkeit ihres Mannes sowie an ihrem Willen zu kooperieren. Man sehe dies ja schon an diesem Streit um das Sorgerecht. Ihr Mann sei zu keinerlei Kompromiss bereit und beharre auf einem gemeinsamen Sorgerecht. Dabei sei er es gewesen, der die Familie verlassen habe. Er wolle auch die Kinder noch öfter sehen, als sie das erlaube. Und schließlich habe es heftige Auseinandersetzungen um das Geld gegeben. Er sei finanziell eindeutig benachteiligt. Sie sei im Ergebnis nicht gewillt, mit ihrem Mann mehr als unbedingt nötig Kontakt zu haben.

Zugegeben, die Ausführungen von Frau Bandmann verheißen für eine gemeinsam ausgeübte Sorge nicht unbedingt Gutes. Andererseits überzeugt keines ihrer Argumente wirklich. Mit keinem Wort geht sie darauf ein, ob zwischen ihr und ihrem Mann hinsichtlich der Erziehung, Betreuung und Versorgung der Kinder Uneinigkeit besteht. Allein die grundsätzliche Auseinandersetzung über die Frage des Sorgerechts kann kein Argument gegen eine gemeinsame Sorge sein. Auch die Tatsache, dass der Vater die Kinder häufiger sehen will, obwohl sie das nicht möchte, sagt nichts darüber aus, ob die Eltern in Zukunft in der Lage sein werden, sich über Art und Häufigkeit des Umgangs zu einigen oder nicht. Frau Bandmann hat kein Argument angeführt, warum sie einen häufigeren Umgang im Interesse der Kinder ablehnt. Schließlich sind auch Auseinandersetzungen über finanzielle Belange nicht unbedingt ein Zeichen für mangelnde Kooperationsfähigkeit in Bezug auf die Kinder. Dass Frau Bandmann ihrem Mann möglichst aus dem Weg gehen möchte, ist durchaus nachvollziehbar. Man darf aber nicht vergessen, dass die gesetzlich festgelegte Struktur der gemeinsamen Sorge nach Trennung und Scheidung keine dauernden Besprechungen und Entscheidungen verlangt.

Gemeinsame Entscheidungen müssen ja „nur" in wichtigen Angelegenheiten getroffen werden.

Gegen ein funktionierendes gemeinsames Sorgerecht spricht die Gleichgültigkeit eines Elternteils gegenüber seinen Kindern in der Vergangenheit. Hat ein Elternteil bisher ein deutliches Desinteresse an seinen Kindern an den Tag gelegt und sich an deren Erziehung, Betreuung und Versorgung nicht beteiligt, ist grundsätzlich damit zu rechnen, dass dies auch in Zukunft der Fall sein wird. Vom betreuenden Elternteil kann nicht verlangt werden, dass er dauernd hinter dem anderen herrennt, um diesen zur Mitwirkung bei wichtigen Entscheidungen zu bewegen. Hinsichtlich dieses Desinteresses lässt sich natürlich häufig anlässlich eines Sorgerechtsverfahrens ein völliger Gesinnungswechsel beobachten. Vor allem Väter, die sich in der Vergangenheit nur wenig um ihre Kinder gekümmert haben, führen aus, dass die Kinder das Wichtigste in ihrem Leben seien und sie unter keinen Umständen auf ein gemeinsames Sorgerecht verzichten möchten. Sicher, im Einzelfall mag dies den Tatsachen entsprechen, aber meistens drängt sich der Verdacht auf, dass hier die Mutter der Kinder schikaniert werden soll.

Äußere Lebensverhältnisse können ebenfalls gegen eine gemeinsame Sorge sprechen. Ist ein Elternteil für einen langen Zeitraum oder häufiger nicht erreichbar, kommt eine gemeinsame Erziehung der Kinder nicht in Betracht. Allein eine größere räumliche Entfernung zwischen den Wohnsitzen der Eltern schadet dagegen nicht.

Eine gemeinsame Sorge kommt auch dann nicht in Betracht, wenn sich ein Elternteil zur Pflege und Erziehung des

Die Gewaltanwendung eines Elternteils gegen den anderen spricht ebenfalls gegen ein gemeinsames Sorgerecht.

Kindes als ungeeignet erwiesen hat. Dies sind Fälle von Gewaltanwendung gegen das Kind oder sonstiger Misshandlungen oder schwerer Vernachlässigung.

Gründe für die Alleinsorge gerade des Antragstellers

Wenn das Gericht der Meinung ist, dass eine gemeinsame Sorge der Eltern nicht funktionieren wird, heißt das nicht unbedingt, dass der Antragsteller deshalb die Alleinsorge bekommt. Das Gericht muss jetzt vielmehr die infrage kommenden Alternativen miteinander vergleichen. Dabei stützt sich das Gericht auf die Gesichtspunkte, die in der bisherigen Rechtsprechung zur Ermittlung des Kindeswohls herangezogen wurden:

- Bindungen des Kindes
- Neigungen und Willen des Kindes
- Kontinuitätsprinzip
- Förderungsgrundsatz

Bei Kindern ab dem 12. Lebensjahr ist es in der Regel nicht mehr möglich, gegen ihren Willen zu entscheiden.

Mit Bindungen des Kindes sind diejenigen an seine Eltern und Geschwister, aber auch an andere Bezugspersonen gemeint. Das Gericht soll diejenige Lösung anstreben, die dem Kind seine gewachsenen Bindungen so weit wie möglich erhält. Dabei ist es besonders wichtig, ob ein Elternteil eindeutig die Rolle als Hauptbezugsperson einnimmt.

Die Kinder können ihre Neigungen und ihren Willen im Rahmen der Anhörung äußern. Je älter das Kind ist, umso beachtlicher ist sein Wille für das Gericht.

Das Kontinuitätsprinzip besagt, dass dem Kind seine bisherige Umwelt und Lebenswelt möglichst erhalten bleiben sollte. Dabei ist zwischen jüngeren und älteren Kindern zu unterscheiden. Für kleinere Kinder ist wichtig, dass sie die gewohnten Personen um sich behalten, also die persönliche Kontinuität. Größere Kinder legen mehr Wert auf örtliche Kontinuität, z. B. die Schule oder den Freundeskreis.

Nach dem Förderungsgrundsatz soll derjenige Elternteil die elterliche Sorge erhalten, der dem Kind beim Aufbau seiner Persönlichkeit die meiste Unterstützung geben kann. Natürlich ist damit nicht nur die intellektuelle und finanzielle, sondern auch die emotionale Förderung gemeint.

KINDER ALS VERFAHRENSBETEILIGTE

Normalerweise sind die Kinder selber am Sorgerechtsverfahren nicht direkt beteiligt. Sie sind das Objekt des Verfahrens, können aber selber nicht eingreifen. Bisher hatten sie nur durch ihr Recht auf Anhörung die Möglichkeit, ihre Sicht der Dinge und ihre eigenen Interessen in das Verfahren einzubringen. Mit dem neuen Kindschaftsrecht hat sich dies geändert. Seit dem 1. Juli 1998 kann dem minderjährigen Kind nach § 50 Abs. 1 des Gesetzes über die Angelegenheiten der freiwilligen Gerichtsbarkeit ein Verfahrenspfleger bestellt werden, soweit dies zur Wahrnehmung seiner Interessen erforderlich ist. Das Gesetz sieht drei Fälle vor, in denen ein Verfahrenspfleger in der Regel bestellt werden muss:

- Das Interesse des Kindes steht zu dem seiner Eltern in erheblichem Gegensatz.
- Das Kind soll von seiner Familie getrennt werden, oder den Eltern soll die Personensorge entzogen werden.
- Das Kind soll von seiner Pflegefamilie, vom Stiefelternteil oder vom Umgangsberechtigten getrennt werden.

In anderen streitigen Sorgerechts- und Umgangsfällen liegt die Bestellung eines Verfahrenspflegers im Ermessen des Gerichts.

Der Verfahrenspfleger nimmt ausschließlich die Interessen des Kindes wahr und ist den Eltern gegenüber nicht

Die Kosten für den Verfahrenspfleger werden zunächst aus der Staatskasse bezahlt. Beim Abschluss des Verfahrens werden sie nach Maßgabe der Kostenvorschriften gegenüber den Verfahrensbeteiligten geltend gemacht. In der Regel tragen die Eltern die Kosten je zur Hälfte.

verpflichtet. Die Auswahl der Person des Verfahrenspflegers steht ebenfalls im Ermessen des Gerichts. Es können Sozialarbeiter, Kinderpsychologen oder auch Rechtsanwälte bestellt werden.

Der Verfahrenspfleger wurde eingeführt, weil im Einzelfall trotz der anderen gesetzlichen Bestimmungen, die das Wohl des Kindes garantieren sollen, Defizite bei der Wahrung der Interessen der betroffenen Kinder auftreten können. Dabei ist an Verfahren gedacht, in denen wegen des Konflikts der Interessen der Eltern mit den Interessen der Kinder Letztere nicht ausreichend gesichert erscheinen. Mit dem „Anwalt des Kindes“ soll also deren Rechtsposition im Scheidungsverfahren gestärkt werden.

ABÄNDERUNG GERICHTLICHER ENTSCHEIDUNGEN

Nach altem wie nach neuem Recht sind Sorgerechtsentscheidungen abänderbar. Die Regelungen müssen abgeändert werden, „wenn dies aus triftigen, das Kindeswohl nachhaltig berührenden Gründen angezeigt ist“. Beispiele hierfür sind etwa das Auftreten einer ansteckenden Krankheit beim betreuenden Elternteil, Vereitlung des Umgangs des Kindes mit dem nicht sorgeberechtigten Elternteil, bedeutende Veränderungen in der Betreuungssituation oder auftretender Alkoholismus des sorgeberechtigten Elternteils. Dabei hat das Gericht wiederum alle oben genannten Gestaltungsmöglichkeiten.

KINDER HABEN EIN RECHT AUF UMGANG

Die Kindschaftsrechtsreform von 1998 hat auch das Umgangsrecht verändert. Dies ist heute in erster Linie ein Recht der Kinder. Das Kind hat Anspruch auf Umgang mit dem Elternteil, bei dem es nicht lebt.

DAS UMGANGSRECHT – VIELE FRAGEN ZU KLÄREN

Es kommt relativ selten vor, dass Eltern über die grundsätzliche Frage des Umgangs streiten. Zu klären sind vielmehr damit verbundene Fragen: Wie oft und wie lange darf der andere Elternteil die Kinder zu sich holen? Muss das Kind auch gegen seinen Willen zum Besuch gezwungen werden? Kann der Sorgeberechtigte Einfluss auf die Ausgestaltung des Umgangs nehmen – etwa verbieten, dass das Kind mit dem neuen Lebensgefährten des Expartners zusammentrifft? Auch hier gilt grundsätzlich, dass eine Einigung der Eltern vorzuziehen ist.

ART DER REGELUNG

Können sich die Eltern über den Umgang gar nicht einigen, muss das Gericht festlegen, wann das Kind mit welchem Elternteil Umgang haben darf. Hier haben die Eltern wenig Möglichkeiten zur freien Gestaltung.

Einige Eltern überlassen den Umgang einfach der täglichen Übung und legen gar keine bestimmten Zeiten fest. Die Kinder können dann einfach zum Vater oder zur Mutter, wenn sie Lust haben. Sie rufen dann den jeweiligen Elternteil an und verabreden sich mit ihm. Diese „lockere" Regelung ist sicher die einfachste und für die Kinder angenehmste Lösung. Häufig scheitert ein solches Modell aber an den schlechten Beziehungen zwischen den Eltern.

Die Eltern können auch eine mündliche oder schriftliche Vereinbarung treffen, in der die Umgangszeiten im Einzelnen festgelegt werden. Als Beispiel etwa jedes zweite Wochenende von Freitag bis Sonntagabend und die erste Hälfte aller Ferien. In diesen Fällen ist es vernünftig, immer einige

Zeit im Voraus die genauen Daten der Besuche festzulegen. So können alle Beteiligten vorausplanen. Das heißt natürlich nicht, dass man im Einzelfall davon nicht einmal abweichen kann.

Die Eltern können eine solche Regelung auch unter Mitwirkung des Gerichts und der Anwälte treffen. Dann ist die Vereinbarung für beide Elternteile bindend.

WIE OFT?

Für die Entscheidung des Gerichts haben sich Erfahrungswerte herausgebildet.

Üblich ist derzeit eine Regelung, bei der das Kind jedes zweite Wochenende und die Hälfte der Freien bei dem Elternteil verbringt, bei dem es nicht ständig lebt. Immer öfter wird auch angeordnet, dass Kinder einen zusätzlichen Nachmittag in der Woche beim anderen Elternteil verbringen dürfen. Vorausgesetzt natürlich, die räumliche Entfernung ist nicht zu groß. Bei kleineren Kindern wird häufig entschieden, den Umgang öfter, bis zu zweimal wöchentlich, aber dafür auf einige Stunden begrenzt durchzuführen. Das gilt insbesondere für Kinder unter drei Jahren. Nur sehr selten dürfen Kleinkinder beim nicht betreuenden Elternteil übernachten.

Der Umgang an Feiertagen, die aus einem ersten und einem zweiten Feiertag bestehen, hängt vom Alter der Kinder und der Entfernung zwischen den Wohnungen der Eltern ab. Im Allgemeinen wird empfohlen, diese Feiertage nicht auseinander zu reißen. Wegen der besonderen Bedeutung wird Weihnachten dagegen in der Regel zwischen den Eltern aufgeteilt. Selbstverständlich handelt es sich dabei nur um Richtwerte. Jede Familiensituation und jede Kinderpersönlichkeit erfordern individuelle Regelungen.

Wenn die Eltern zu weit voneinander entfernt wohnen, ist nicht zu vermeiden, dass die Besuche nur in den Ferien stattfinden.

Grundsätzlich entscheidet über die Art und Weise des Umgangs auch bei elterlicher Alleinsorge derjenige, der den Umgang ausübt. Er kann das Kind mit in seine neue Wohnung nehmen, auch, wenn er inzwischen mit einem anderen Partner zusammenlebt oder eine neue Familie gegründet hat. So kann z. B. die Mutter, bei der das Kind lebt, nicht verbieten, dass das Kind mit der Freundin des Vaters zusammentrifft. Daneben kann er z. B. über die Bettruhe, den Fernsehkonsum oder die Ernährung entscheiden und wie er die Zeit mit den Kindern verbringt.

Wenn Kinder mit dem Umgang Probleme haben

Verschiedentlich wird seitens des sorgeberechtigten Elternteils eingewandt, das Kind verweigere den Umgang oder es leide übermäßig unter den verordneten Kontakten. In aller Regel ist dies ein Zeichen dafür, dass das Kind unter den Konflikten der Eltern leidet und sich selber in einem erheblichen Loyalitätskonflikt befindet. In solchen Fällen sollte dieses Kind durch fachkundige Beratung qualifizierter Helfer unterstützt werden.

Eine weitere Alternative ist der so genannte betreute Umgang. Diese Umgangsform wird auch als „betreutes Umgangsrecht" oder „Umgangsbegleitung" bezeichnet; hier soll die Formulierung „betreuter Umgang" benutzt werden, die vom Deutschen Kinderschutzbund vereinheitlichend angewandt wird.

Es versteht sich von selbst, dass derjenige Elternteil, der das Kind negativ zu beeinflussen versucht, nicht die geeignete Begleitperson darstellt.

Der „betreute Umgang" ist vom „beaufsichtigten Umgang", auf den ich später noch eingehen werde, zu unterscheiden. Betreute Kontakte sind sinnvoll, wenn sie dazu dienen, die gute Beziehung zwischen Elternteil und Kind wiederherzustellen. Es gibt zwei sehr häufige vorkommende Möglichkeiten, wieso zwischen dem Kind und dem Umgangsberechtigten eine Entfremdung stattgefunden haben kann. Einmal wenn sich beide über einen längeren Zeitraum nicht gesehen haben, z.B. wenn die Mutter den Umgang mit dem erst einjährigen Kind über Monate hin vereitelt. Zum anderen wenn die Ablehnung des betreuenden Elternteils auf das Kind übertragen wird. Am besten ist natürlich, wenn professionelle Helfer die Eltern hier unterstützen. Manchmal reicht es sogar aus, das Kind von einer dritten Person abholen und wieder zurückbringen zu lassen, wenn das Problem in heftigen Auseinandersetzungen der Eltern anlässlich der Übergabesituation liegt. Auf die Frage, wo man Möglichkeiten für einen betreuten Umgang findet, gehe ich im nächsten Punkt noch näher ein.

Das Familiengericht hat aber grundsätzlich auch das Recht, den Umgang einzuschränken oder auszuschließen, soweit dies zum Wohl des Kindes erforderlich ist. Ein Ausschluss des Umgangsrechtes kommt nur als äußerstes Mittel in Betracht und ist nur bei schweren Fällen gerechtfertigt.

Wenn Eltern mit dem Umgang Probleme haben

Gibt es zwischen den Eltern Probleme bei der Ausübung des Umgangsrechts, kann das Familiengericht angerufen werden. Das Gericht soll dann baldmöglichst beide Eltern zu einem Vermittlungstermin laden. Verweigert ein Elternteil seine Mitwirkung hieran, prüft das Gericht von Amts wegen, ob und welche Maßnahmen bezüglich Umgangsregelung und elterlicher Sorge notwendig sind.

Besonders dem Elternteil, der das Umgangsrecht boykottiert, soll klargemacht werden, welche negativen Folgen sein Verhalten für das Kind haben kann.

Der Sinn des Vermittlungstermins ist, mit den Eltern zu erörtern, welche Folgen es für das Wohl der Kinder haben kann, wenn der Umgang weiterhin nicht klappt.

Wenn die Eltern sich entschließen können, in einem solchen Fall die Möglichkeit der Beratung in Anspruch zu nehmen, ist häufig eine einverständliche Lösung und damit Beseitigung der Konflikte möglich. Dem trägt die neue Einrichtung des Vermittlungsversuchs Rechnung.

Auch in einem solchen Fall können die Eltern auf ein betreutes Umgangsrecht zurückgreifen. Viele Orts- und Kreisverbände des Deutschen Kinderschutzbundes bieten die Möglichkeit des betreuten Umgangs an. Meistens stellen sie ihre Räume in Anwesenheit eines Mitarbeiters oder einer Mitarbeiterin als neutralen Ort zur konfliktfreien Gestaltung des Umgangs zur Verfügung. Es ist natürlich sinnvoll, gleichzeitig die Beratungsangebote in Anspruch zu nehmen. Dabei brauchen sich die Eltern nicht notwendig zu begegnen. Sie können sich vielmehr unabhängig voneinander beraten lassen. Die Zielsetzung ist, dass letztlich eine für alle Beteiligten tragfähige Lösung gefunden wird. Deshalb ist in aller Regel die Durchführung des begleiteten Umgangs auf zwölf Monate beschränkt.

Beaufsichtigter Umgang

Der beaufsichtigte Umgang kann immer nur eine Übergangslösung sein, bis die eigentlichen Vorwürfe oder Probleme geklärt sind.

Oft wird seitens eines Elternteils befürchtet und behauptet, der Kontakt zum anderen Elternteil gefährde das Kind. Dies gilt insbesondere, wenn der Verdacht des Kindesmissbrauchs oder einer möglichen Entführung des Kindes geäußert wird. Das Familiengericht steht hier vor einer schweren Entscheidung. Einerseits sollte mit solchen Verdachtsmomenten nicht leichtfertig umgegangen werden, andererseits sollte aber auch nicht nur aufgrund eines Verdachts das Umgangsrecht ausgeschlossen werden. Mit dem neuen Kindschaftsrecht steht dem Richter jetzt sozusagen eine Kompromisslösung zur Verfügung. Er kann anordnen, dass der Umgang des Kindes nur in Gegenwart eines Dritten stattfindet. Das kann z. B. ein Mitarbeiter des Jugendamtes sein. Teilweise stellten auch die einzelnen Verbände des

Kinderschutzbundes die Möglichkeit zum beaufsichtigten Umgang in ihren Räumen zur Verfügung. Geeignet können aber auch Verwandte der Eltern bzw. des Kindes sein.

Ich geb das Kind nicht her!

Dem Umgangsberechtigten ist wenig geholfen, wenn er zwar vom Gericht das Recht auf den Umgang zugesprochen bekommt, aber gleichwohl der andere Elternteil das Kind nicht herausgibt oder auf andere Weise den Umgang fortlaufend boykottiert. Die Frage ist demnach, ob sich der Umgang zwangsweise durchsetzen lässt.

Wer das Umgangsrecht vereitelt, muss damit rechnen, dass er das Sorgerecht verliert, denn er zeigt damit, dass er zur Erziehung des Kindes nicht optimal geeignet ist.

In einem solchen Fall kann die Androhung von Zwangsgeld oder sogar von Zwangshaft beantragt werden. Das Zwangsgeld muss zunächst angedroht werden und kann, wenn das nichts nützt, bis zu einem Betrag von 50000 DM angeordnet werden. Die Zwangshaft kommt nur dann in Betracht, wenn die Durchsetzung besonders eilig ist oder zu befürchten ist, dass das Kind verschleppt wird. Demgegenüber ist Gott sei Dank die Erzwingung der Herausgabe des Kindes durch einen Polizeieinsatz nicht mehr zulässig.

Ob die beschriebenen Maßnahmen wirklich etwas bringen, ist fraglich. Viel entscheidender ist, dass in solchen Fällen auch eine Entziehung der elterlichen Sorge in Betracht kommt.

UMGANG MIT GROSSELTERN UND ANDEREN VERWANDTEN

Eine gänzlich neue Regelung ist das Umgangsrecht zwischen dem Kind und dritten Personen. Dazu gehören Großeltern und Geschwister ebenso wie Stiefeltern und Pflegeeltern. Auf entsprechende Anregung (ein Antrag ist nicht erforderlich) prüft das Gericht, ob ein solcher Umgang dem Wohl des Kindes dient. Vom Gericht sollte dies bejaht werden, wenn das Kind enge Beziehungen zu den betreffenden Personen hat. Damit wird gewährleistet, dass das Kind nicht plötzlich den Kontakt zu Bezugspersonen verliert, nur weil der Elternteil, bei dem es lebt, an diesem Kontakt kein Interesse mehr hat. Der Hintergedanke dabei ist, dass häufig der betreuende Elternteil zu den Verwandten seines ehemaligen Partners kaum noch Beziehungen unterhält. Sehr oft werden gerade die Großeltern nicht mehr in die Welt der Kinder mit einbezogen. Dies wird noch ausgeprägter, wenn neue Lebenspartner ins Spiel kommen. So hat etwa eine Mutter weder den Vater noch dessen Eltern zur Konfirmation der Tochter eingeladen. Eine Begegnung mit diesen war ihr unangenehm. Stattdessen erschienen die Eltern ihres neuen Lebenspartners.

DAS AUSKUNFTSRECHT DER ELTERN

Zum Teil neu geregelt wurde auch das Auskunftsrecht der Eltern untereinander. Bei berechtigtem Interesse kann jeder vom anderen Auskunft über die persönlichen Verhältnisse des Kindes verlangen – natürlich nur soweit dies mit dem Wohl des Kindes vereinbar ist.

Das Auskunftsrecht bezieht sich selbstverständlich nur auf die Verhältnisse des Kindes und nicht auf die Lebenssituation des anderen Elternteils, z.B. kann Auskunft über den Gesundheitszustand des Kindes oder dessen schulische Leistungen verlangt werden, nicht aber darüber, ob die Mutter einen neuen Freund hat oder dergleichen. Auch hier entscheidet im Streitfall das Familiengericht.

KINDESUNTERHALT UND SEINE BEDEUTUNG

Neben der Regelung der elterlichen Sorge und des Umgangs ist die Frage, in welcher Form und in welcher Höhe Kindesunterhalt geleistet werden muss, von zentraler Bedeutung.

ANSPRUCH DER KINDER AUF UNTERHALT

Völlig unabhängig davon, ob die geschiedenen Eltern einander Unterhalt zahlen müssen, können die Kinder grundsätzlich von ihren Eltern Unterhalt verlangen.

WARUM BESTEHT EIN UNTERHALTSANSPRUCH?

Voraussetzung für einen Unterhaltsanspruch ist zunächst, dass das Kind bedürftig ist. Kinder, die selber genug zum Leben haben, können keinen Unterhalt verlangen. Es kommt relativ selten vor, dass minderjährige Kinder bereits in der Lage sind, ihren Unterhalt selber zu bestreiten. Ein denkbarer Fall wäre, dass das Kind durch Erbschaft über Vermögen verfügt. Mit den Einkünften, die aus diesem Vermögen kommen, also z.B. Zinsen, muss das Kind seinen Unterhalt bestreiten. Nur wenn diese Einkünfte nicht ausreichen, um den Lebensbedarf zu decken, müssen die Eltern zusätzlich Unterhalt leisten. Das Vermögen selber muss das Kind dagegen nicht angreifen.

Leben die Kinder nach Trennung und Scheidung bei der Mutter, ist allein der Vater zur Zahlung verpflichtet.

Sind Eltern nicht in der Lage, den eigenen Lebensbedarf zu decken, müssen sie nicht auch noch Unterhalt zahlen. Grundsätzlich müssen beide Eltern gemeinsam für den Unterhalt der Kinder aufkommen. In der Regel leistet aber der Elternteil, bei dem das Kind lebt, seinen Unterhalt durch die Betreuung und Pflege des Kindes. Der andere Elternteil muss dann den erforderlichen Geldbetrag zum Unterhalt des Kindes allein aufbringen. Das gilt auch, wenn der betreuende Elternteil voll berufstätig ist, solange er nur weiterhin die volle Betreuung übernimmt.

Ende des Unterhaltsanspruchs

Eigentlich hat die Unterhaltspflicht gegenüber den Kindern nie ein Ende. Zum Unterhalt bleiben Eltern gegenüber ihren Kinder so lange verpflichtet, wie diese bedürftig und sie selber leistungsfähig sind.

Bei behinderten oder dauerhaft pflegebedürftigen Kindern kann die Verpflichtung zum Unterhalt des Kindes auch lebenslang andauern.

Volljährige unverheiratete Kinder haben nach dem neuen Recht bis zum 21. Lebensjahr den gleichen Unterhaltsanspruch wie minderjährige Kinder, solange sie bei einem Elternteil leben und sich in der allgemeinen Schulausbildung befinden. Darüber hinaus umfasst die Unterhaltspflicht auch die Kosten einer angemessenen Berufsausbildung. Diese kann lang und kostspielig werden.

BERECHNUNG DES KINDESUNTERHALTS

Als Richtschnur für die Festsetzung von Kindesunterhalt dient die Düsseldorfer Tabelle (DT). Sie wird von den meisten Gerichten angewendet. Die DT setzt die Unterhaltshöhe je nach dem Einkommen des Unterhaltspflichtigen und dem Alter des Kindes fest. Dabei orientiert sie sich an einer Familie von Eltern mit zwei Kindern. Ist tatsächlich nur ein Kind vorhanden, so muss um eine Einkommensgruppe höher eingestuft werden. Sind dagegen drei Kinder da, muss in eine Gruppe niedriger eingestuft werden.

Die Prozentzahlen am Ende der Tabelle beziehen sich auf den so genannten Regelbedarf (Regelbetrag), der in gleichmäßigen Abständen neu festgesetzt wird. Damit soll die Unterhaltsanpassung erleichtert werden.

Nehmen wir also einmal an, ein unterhaltsverpflichteter Vater verdient durchschnittlich 4200,00 DM netto. Er hat eine dreijährige Tochter und einen neunjährigen Sohn. Mit seinem Gehalt ist er in die Einkommensgruppe 6 der DT

Düsseldorfer Tabelle*

Netto-einkommen	0–5 Jahre	6–11 Jahre	12–17 Jahre	ab 18 Jahre	Vomhundertsatz
1. bis 2400	355	431	510	589	100
2. 2400–2700	380	462	546	631	107
3. 2700–3100	405	492	582	672	114
4. 3100–3500	430	522	618	713	121
5. 3500–3900	455	552	653	754	128
6. 3900–4300	480	582	689	796	135
7. 4300–4700	505	613	725	837	142
8. 4700–5100	533	647	765	884	150
9. 5100–5800	568	690	816	943	160
10. 5800–6500	604	733	867	1002	170
11. 6500–7200	639	776	918	1061	180
12. 7200–8000	675	819	969	1120	190
13. ab 8000	variabel				

* Stand 1. Juli 1999

einzustufen. Seine Tochter ist in der ersten Altersstufe, sein Sohn in der zweiten. Für die Tochter ergibt sich also ein Unterhaltsbedarf von 135% des Regelbedarfs, also 480 DM. Für den Sohn sind es ebenfalls 135% des Regelbedarfs, also ein Betrag von 582 DM.

Wie berechnet sich das monatliche Nettoeinkommen?

Zunächst einmal wird der gesamte Bruttojahresverdienst ermittelt. Am einfachsten nimmt man die Gehaltsbescheinigungen der letzten zwölf Monate und zählt alle Bruttobeträge zusammen. Damit ist gewährleistet, dass auch das Weihnachtsgeld, das Urlaubsgeld und sonstige Sonderzahlungen erfasst werden. Davon werden dann die Lohn- oder

Einkommensteuer, die Kirchensteuer, der Solidaritätszuschlag sowie die Kranken-, Renten- und Arbeitslosenversicherung abgezogen. Schließlich wird die verbleibende Summe durch zwölf geteilt.

Von dem so errechneten Einkommen können dann noch die berufsbedingten Aufwendungen abgezogen werden. In der Regel wird hier eine Pauschale von 5 % des Nettoeinkommens angesetzt. Gegebenenfalls können Fahrtkosten, Reisekosten und Ähnliches aber auch genau ausgerechnet werden.

Im Einzelnen kann sich noch die Frage stellen, ob etwa ein vom Zahlungspflichtigen bewohntes Eigenheim das Einkommen erhöht oder bestimmte Verbindlichkeiten das Einkommen vermindern.

Bei Selbstständigen funktioniert die Berechnung ähnlich, allerdings werden hier die Gesamteinkünfte der letzten drei Jahre zugrunde gelegt. Wichtig ist dabei, dass das für den Unterhalt maßgebliche Einkommen nicht mit dem steuerrechtlichen Einkommen gleichzusetzen ist. Abschreibungen etwa spielen für den Unterhalt keine Rolle.

Anrechnung des Kindergeldes

Das staatliche Kindergeld wird den Eltern je zur Hälfte angerechnet. Bekommt z. B. die sorgeberechtigte Mutter das Kindergeld ausbezahlt, so darf der Vater den halben Kindergeldbetrag von dem zu leistenden Unterhalt abziehen. Bezieht dagegen der Vater das Kindergeld, muss er die Hälfte hiervon an die Mutter bezahlen.

Zusätzliche Zahlung wegen Sonderbedarfs

Manchmal fallen für Kinder unvorhergesehene Ausgaben an, die im Verhältnis zum Unterhalt außergewöhnlich hoch sind. Unter bestimmten Voraussetzungen kann das Kind dann neben dem normalen Unterhalt zustätzlich Unterhalt wegen Sonderbedarfs verlangen.

Ein Beispiel hierfür sind etwa Krankheitskosten, die von der Versicherung nicht gedeckt werden, oder auch außergewöhnliche Anschaffungen wegen einer Behinderung des Kindes. Der Sonderbedarf kann aber nur verlangt werden, wenn er nicht vorhersehbar war. Sonst müssen aus dem laufenden Unterhalt Rücklagen gebildet werden.

Keinen Sonderbedarf gibt es z. B. für Schullandheimaufenthalte oder die Kommunion bzw. Konfirmation der Kinder.

Notwendiger Selbstbehalt

Der Unterhaltspflichtige muss sich natürlich selber noch unterhalten können. Aus diesem Grund gibt es Grenzen, welchen Betrag seines Einkommens er in jedem Fall für sich selbst behalten darf. Diese Beträge schwanken je nach Gerichtsbezirk. In den meisten Bezirken wird für einen Erwerbstätigen ein Betrag von 1500 DM angesetzt, der ihm in jedem Fall verbleiben muss. Bei Nichterwerbstätigen wird von einem Betrag in Höhe von 1300 DM ausgegangen.

Auskunftspflichten

Um seinen Unterhalt überhaupt berechnen zu können, kann das Kind von dem Elternteil, der zur Zahlung verpflichtet ist, Auskunft über dessen Einkommen und Vermögen verlangen. Diese Auskunft muss durch aussagekräftige Unterlagen, z. B. die Gehaltsmitteilungen, belegt werden.

Das Gleiche gilt natürlich auch umgekehrt. Auch das Kind muss Auskunft über sein Vermögen und sein Einkommen erteilen. Eine neue Auskunft kann alle zwei Jahre verlangt werden. Vorher kann eine neue Auskunft nur verlangt werden, wenn glaubhaft gemacht wird, dass sich die Einkommens- und Vermögensverhältnisse geändert haben.

VEREINBARUNGEN ÜBER KINDESUNTERHALT

Die Eltern können sich über die Zahlung von Kindesunterhalt auch einfach untereinander einigen. Eine solche Einigung bedarf keiner besonderen Form, sie kann also mündlich oder schriftlich erfolgen. In der Regel ist natürlich eine schriftliche Vereinbarung vorzuziehen, um im Streitfall die Vereinbarung beweisen zu können. Man kann eine solche Vereinbarung auch vor Gericht in Form eines Vergleichs protokollieren lassen.

Was die Eltern im Einzelnen vereinbaren können, unterliegt bestimmten Grenzen. Es ist nicht zulässig, im Namen des Kindes auf jeden Unterhalt für die Zukunft zu verzichten.

Die elterliche Vereinbarung muss sich im Rahmen des dem Kind gesetzlich zustehenden Unterhaltsanspruchs halten. Möglich ist eine Vereinbarung, wonach ein Elternteil den anderen von der Verpflichtung zu Unterhaltszahlungen freistellt. Das bedeutet, er verpflichtet sich, selber dem Kind den vollen Unterhalt zu bezahlen. Eine solche Vereinbarung gilt aber nur zwischen den Vertragsparteien. Kann also der eine Elternteil entgegen seines Versprechens den Unterhalt nicht bezahlen, so kann das Kind sich in jedem Fall an den anderen Elternteil halten. Wenn die Mutter erklärt hat, sie wolle allein für ihre Kinder aufkommen, später aber ihren Arbeitsplatz verliert und nicht mehr zahlen kann, so kann sie sich als Sorgeberechtigte erneut an den Vater halten.

REGELMÄSSIGE ANPASSUNG

Ein einmal festgelegter Unterhalt gilt natürlich nicht für alle Zeiten. Gelegentlich muss der Unterhaltsbetrag an die geänderten wirtschaftlichen oder persönlichen Verhältnisse des Kindes angepasst werden. Dafür stehen dem Kind zwei verschiedene Wege zur Verfügung.

Vereinfachtes Unterhaltsverfahren

Für die Änderung der allgemeinen wirtschaftlichen Verhältnisse (vor allem die Inflation) sieht das Gesetz bis zum 18. Geburtstag des Kindes eine schematische Anpassung in einem vereinfachten Verfahren vor. Die Höhe der Anpassung wird in den alten Bundesländern von der Bundesregierung in einer Anpassungsverordnung alle zwei Jahre festgelegt. Die letzte Anpassung erfolgte zum 1. Juli 1999 mit folgenden Werten:

Alter	*Regelbetrag West*	*Regelbetrag Ost*
bis 6 Jahre	*355 DM*	*324 DM*
7 bis 12 Jahre	*431 DM*	*392 DM*
ab 13 Jahre	*510 DM*	*465 DM*

Nehmen wir also an, in zwei Jahren wird der Regelbetrag erhöht, dann können die beiden Kinder aus unserem obigen Beispiel 135% des neuen Regelbetrages verlangen. Die Festsetzung einer Unterhaltspflicht und die Geltendmachung der genannten Erhöhungen erfolgen im so genannten Regelunterhaltsverfahren. Erst wenn mehr als 150% des Regelunterhalts gefordert werden, muss der normale Klageweg beschritten werden. Dieses Verfahren hat den großen Vorteil, dass Kinder schneller zu ihrem Unterhalt kommen.

Wenn es ums Geld geht, kommen Eltern auf die seltsamsten Ideen.

Übrigens kann der Elternteil, der ein Besuchsrecht für sich in Anspruch nimmt, die Kosten dieser Besuche nicht vom Unterhalt abziehen. Andersherum gilt das Gleiche, wenn Besuchszeiten nicht wahrgenommen werden. Eine Mutter von vier Kindern hatte mich aufgesucht, weil sie die Erhöhung des Kindesunterhalts erreichen wollte. Der Vater hatte vor Gericht erstritten, dass er die Kinder jedes zweite Wochenende zu sich nehmen darf. Tatsächlich fand aber ein solcher Besuch nie statt. Die Mutter meinte, da der Vater die Kosten für die Wochenenden spare und sie in dieser Zeit die Kinder ernähren müsse, höheren Kindesunterhalt verlangen zu können. Ich musste sie leider enttäuschen.

Abänderungsklage

Daneben ist eine Erhöhung oder Herabsetzung von einmal festgelegten Unterhaltsbeträgen durch eine Abänderungsklage möglich. Hierbei müssen die Veränderungen der persönlichen und wirtschaftlichen Verhältnisse im Einzelnen nachgewiesen werden.

Eine Abänderungsklage ist also z. B. erforderlich, wenn der zur Zahlung verpflichtete Vater arbeitslos geworden ist und die festgesetzten Beträge nicht mehr leisten kann.

UNTERHALT FÜR DIE VERGANGENHEIT

Unterhalt kann nicht beliebig für die Vergangenheit gefordert werden. Für den betreuenden Elternteil ist es daher sehr wichtig, dass er den anderen Elternteil zur Zahlung von Unterhalt förmlich auffordert. Erst ab diesem Zeitpunkt kann dann Unterhalt verlangt werden.

Früher war dies häufig problematisch, wenn Väter oder auch Mütter einfach untergetaucht sind, um sich der Unterhaltspflicht zu entziehen. Es war schlicht nicht möglich, diese Elternteile zur Zahlung von Unterhalt aufzufordern. Tauchten sie dann irgendwann doch einmal wieder auf, konnte Unterhalt für die Vergangenheit nicht verlangt werden. Nach neuem Recht kann auch in diesen Fällen Unterhalt für die Vergangenheit verlangt werden, nämlich dann, wenn das Kind oder der betreuende Elternteil aus rechtlichen Gründen oder tatsächlichen Gründen, die der andere Elternteil zu vertreten hat, an der Geltendmachung der Unterhaltsansprüche gehindert waren.

UNTERHALTSVORSCHUSS VOM STAAT

Unter bestimmten Voraussetzungen können sorgeberechtigte Elternteile vom Staat Unterhaltsleistungen für das Kind bekommen. Das gilt für Fälle, in denen der andere Elternteil gar nicht oder unregelmäßig zahlt oder nicht zahlen

Wenn Sie Unterhaltsvorschuss beantragen oder nähere Informationen hierzu möchten, wenden Sie sich am besten an Ihr zuständiges Jugendamt.

kann. Dieser Anspruch auf Unterhaltsvorschuss gilt längstens für sechs Jahre und höchstens, bis das Kind zwölf Jahre alt ist. Die Höhe der Zahlung richtet sich nach der Regelbetragsverordnung. Die staatlichen Stellen können sich die Unterhaltsbeträge vom säumigen Elternteil zurückholen.

WAS BEDEUTET „UNTERHALT“ FÜR DIE KINDER?

Eine ganz andere Frage in diesem Zusammenhang ist, ob es sich auf die Persönlichkeitsentwicklung der Kinder direkt auswirkt, ob Unterhalt gezahlt wird oder nicht. Manchmal versuchen sich die zum Unterhalt verpflichteten Elternteile, sei es nun Vater oder Mutter, mit allen Mitteln um Unterhaltszahlungen für die Kinder zu drücken oder zahlen einfach gar nicht. Grundsätzlich hat dieser Elternteil trotzdem das Recht, seine Kinder zu sehen und den Umgang mit ihnen zu pflegen. Kinder, die wissen, dass der andere Elternteil für sie nichts bezahlt oder nicht genug bezahlt, fühlen sich dadurch oft persönlich verletzt.

Kann ein Elternteil wirklich keinen Unterhalt zahlen, etwa weil er arbeitslos geworden ist, sollte man dem Kind dies erklären und ihm deutlich machen, dass das nicht heißt, es werde deshalb von diesem Elternteil nicht geliebt.

MEDIATION ALS KINDER-FREUNDLICHE ALTERNATIVE?

Das Verfahren der Mediation ist sach- und lösungsorientiert und unterscheidet sich darin erheblich von den herkömmlichen Beratungs- und Therapieangeboten.

MEDIATION ALS ALTERNATIVE KONFLIKTLÖSUNG

Die Familien-Mediation kam Anfang der 70er-Jahre in den Vereinigten Staaten auf. Der Begriff kann etwa mit „Vermittlung“ oder „Schlichtung“ übersetzt werden.

Mediation soll eine Alternative zur Auseinandersetzung des Scheidungspaares vor Gericht sein, das gerichtliche Scheidungsverfahren ersetzen kann sie allerdings nicht. Sie beruht auf dem Gedanken, dass statt der Anwälte und Richter die Eltern selber die Entscheidungen treffen sollen.

Bei der Mediation unterstützt ein neutraler Dritter das Paar darin, die zwischen ihnen im Hinblick auf Trennung und Scheidung bestehenden Streitpunkte einvernehmlich zu lösen. Ziel ist eine vertragliche Regelung aller strittigen Punkte. Mithilfe von fachkundigen Mediatoren können das Sorgerecht, Umgangsregelungen, Unterhaltsfragen und die Aufteilung des gemeinsamen Vermögens sowie alle sonstigen materiellen und sozialen Scheidungsfolgen verhandelt werden.

FÜR WEN EIGNET SICH MEDIATION?

Voraussetzung für eine Mediation ist lediglich, dass die Ehepartner anerkennen, dass zwischen ihnen Konflikte bestehen, die gelöst werden müssen, und sie sich für die Mediation als Lösungsweg entscheiden.

Zur Beilegung von Streitigkeiten gibt es viele Wege. Die Partner können versuchen, ihre Konflikte alleine zu lösen. Sind sie damit überfordert, können sie sich Anwälte nehmen, die stellvertretend für sie versuchen die Probleme zu lösen oder die Streitigkeiten von einem Richter entscheiden lassen. Oder das Paar kann sich entschließen, mithilfe eines Mediators selbst aktiv miteinander zu verhandeln.

Mediation eignet sich für eigenverantwortlich handelnde Eltern.

Die Mediation eignet sich also für Partner und Eltern, die ihre Trennungs- und Scheidungsfolgen eigenverantwortlich regeln wollen sowie destruktive und teure Scheidungsverfahren vermeiden möchten, hierbei aber Hilfe benötigen.

ABLAUF DES MEDIATIONSVERFAHRENS

Die Mediation versucht auf die Bedürfnisse der Kinder und der Eltern einzugehen und die unterschiedlichen Interessen so gut wie möglich aufeinander abzustimmen. Das Ehepaar Winter ist meinem Rat gefolgt und hat die empfohlene Mediatorin aufgesucht und sich gemeinsam mit dieser zur Durchführung der Mediation entschlossen.

Das Verfahren beginnt mit der Eröffnungsphase. Der Mediator erklärt, wie die Mediation im Einzelnen abläuft. Gemeinsam mit dem Paar wird dann entschieden, ob die Mediation zum jetzigen Zeitpunkt für beide sinnvoll ist. Geklärt werden kann auch, ob betroffene (ältere) Kinder am Verfahren beteiligt werden sollen.

In der Verhandlungsphase wird zunächst der Verhandlungsgegenstand festgelegt. Es werden alle strittigen Fragen aufgelistet und nach Prioritäten sortiert.

Auch das Ehepaar Winter hat zunächst Listen gemacht, die folgendermaßen aussehen:

Frau Winter	***Herr Winter***
- Ehegattenunterhalt	*- Verteilung des Hauses*
- Kindesunterhalt	*- Umgang mit den Kindern*
- Verteilung des Vermögens	*- Sorgerecht*
- Sorgerecht	*- Unterhaltsfragen*
- Kontakte zwischen Kindern und Vater	

Das Ehepaar Winter einigt sich dann darauf, zuerst die Frage des Umgangs des Vaters mit den Kindern zu besprechen.

Nachdem der jeweilige Verhandlungsgegenstand festgelegt ist, beginnt der Mediator, Fakten über das Problem zu sammeln und die Position der Beteiligten zu ermitteln. Häufig besteht zwischen den Beteiligten Einigkeit über die Fakten, die jeweiligen Interpretationen sind jedoch sehr unterschiedlich. Relevante Fakten für ein Umgangsrecht sind etwa die Wohnverhältnisse, die Entfernungen zwischen den Wohnungen der Eltern, die berufliche Situation der Eltern, die Beziehungen der Kinder zu den Eltern und die Schul- bzw. Kindergartensituation der Kinder.

Die Entwicklung und Bewertung der einzelnen Möglichkeiten ist der schwierigste Teil des Mediationsverfahrens.

Die Winters stellen ihre Positionen wie folgt dar. Herr Winter hat die Kinder seit dem Auszug seiner Frau nur unregelmäßig gesehen. Er würde die Kinder gern sehr viel häufiger sehen. Vor allem sein Sohn sei noch so klein, dass er sich nach kurzer Zeit an den Vater kaum noch erinnern könne. Auf seine Frau ist er ziemlich wütend. Er müsse jedesmal betteln, wenn er die Kinder sehen wolle, sie führe sich auf, als könne sie alleine über die Kinder entscheiden und er habe nichts zu sagen. Er will aber weiterhin Verantwortung für die Kinder wahrnehmen und an wichtigen Entscheidungen beteiligt werden. Dagegen ist Frau Winter der Ansicht, er habe sich doch noch nie für die Kinder interessiert. Er wolle sie doch damit nur ärgern. Die Kinder kämen auch ganz durcheinander und wüssten nicht mehr, wo sie hingehören. Ihrer Ansicht nach wäre es besser, der Vater würde vorerst aus dem Leben der Kinder ganz verschwinden.

Der schwierigste Teil ist die anschließende Entwicklung und Bewertung von möglichst zahlreichen denkbaren Lösungsmöglichkeiten. Aus diesen Möglichkeiten wählt der jeweilige Partner diejenige aus, die seinen Bedürfnissen am ehesten entspricht. Hierüber wird dann mit Unterstützung des Mediators konkret verhandelt. Wird eine Übereinkunft erzielt, dann wird diese schriftlich festgehalten.

Eine Übereinkunft wird schriftlich festgehalten.

Bei der Diskussion zwischen den Winters zeigt sich, dass Frau Winter nicht glaubt, dass ihr Mann wirklich ein Interesse an den Kindern hat. Im Laufe der Diskussion wird deutlich, dass das mangelnde Interesse von Herrn Winter an seinen Kindern häufig zu Streitigkeiten zwischen den Eltern geführt hat. Frau Winter kann nicht akzeptieren, dass ihr Mann ausgerechnet jetzt sein Interesse an den Kindern entdeckt, wo sie sich vorher jahrelang allein gelassen gefühlt hat. Herr Winter überwindet sich und gibt dieses Manko zu. Er entschuldigt sich dafür bei seiner Frau. Er erklärt auch, dass er bewundere, was seine Frau bei den Kindern und deren Erziehung geleistet habe. Erst jetzt angesichts der Trennung habe er erkannt, wie wichtig die Kinder für ihn seien. Insgesamt entspannt sich die Atmosphäre zwischen den Eltern damit merklich. Dann suchen sie nach möglichen Lösungswegen. Die Mutter möchte gerne mit den Kindern die Wochenenden verbringen. Nur dann hat sie Zeit und Muße, sich den Kindern wirklich zu widmen. Unter der Woche hat sie häufig das Gefühl, an den Alltagsaufgaben zu ersticken. Demgegenüber möchte der Vater die Kinder regelmäßig jedes zweite Wochenende zu sich nehmen und zusätzlich einen Abend pro Woche. Die Verhandlungen werden durchaus heftig geführt und sind nicht frei von gegenseitigen Vorwürfen. Schließlich einigen sich die Eltern darauf, dass der Vater die Kinder jedes zweite Wochenende zu sich holen kann. Im Gegenzug verpflichtet er sich, die sportlichen Aktivitäten seiner Kinder zu organisieren. Da er selbstständig ist, stellt es für ihn kein Problem dar, die Kinder zum Training zu fahren und auch wieder abzuholen. Damit ist Frau Winter von ein paar Alltagsaufgaben befreit.

In der Abschlussphase werden schließlich die für alle Streitpunkte gefundenen Lösungen in einer Mediationsvereinbarung festgehalten.

UMSETZUNG DER MEDIATIONSVEREINBARUNG

Wenn eine Vereinbarung zustande gekommen ist, wird ein Mediationsprotokoll ausgearbeitet. Dieses Protokoll soll an die jeweiligen Rechtsanwälte des Paares weitergegeben werden. Die Rechtsanwälte sollten dann aus dem Protokoll eine rechtswirksame Trennungsvereinbarung machen. Ohne Mitwirkung der Anwälte hat die Mediationsvereinbarung häufig wenig wert, da sie keine Sicherheit dafür bietet, dass sich die Partner auch an die Vereinbarung halten. Aus diesem Grund sollte die Mediationsvereinbarung nicht nur von den Anwälten überprüft, sondern am besten vom Gericht protokolliert werden.

Es empfiehlt sich, Anwälte bei der Mediationsvereinbarung mitwirken zu lassen.

Da die Parteien ohnehin im Laufe der Zeit einen Anwalt zurate ziehen sollten, spricht viel dafür, sich schon vor Beginn des Mediationsverfahrens von einem Anwalt beraten zu lassen. Sie haben dann die Gewähr, dass Sie im Rahmen der Mediation die Ihnen zustehenden Rechte auch angemessen wahrnehmen können.

WO FINDE ICH EIGENTLICH MEDIATOREN?

Die Adressen von qualifizierten Mediatoren können Sie bei verschiedenen Stellen erfragen, zum Beispiel bei den örtlichen Eheberatungsstellen, dem Jugendamt, der Anwaltskammer oder dem Anwaltsverein und vielen Trennungs- und Scheidungsberatungsstellen.

Wenn Sie sich für weitergehende Informationen interessieren, können Sie sich an die Bundesarbeitsgemeinschaft für Familienmediation (BAFM, siehe S. 127) wenden.

WAS KOSTET DAS VERFAHREN?

Mediationsverfahren sind in der Regel alles andere als billig. Durchschnittlich benötigen die Paare 15 Sitzungen, um alle relevanten Fragen zu regeln. Das Honorar richtet sich nach der Dauer der Sitzung und beträgt zwischen 150 und 300 DM. Für die Ausarbeitung des Mediationsprotokolls und für die Arbeit außerhalb der Sitzungen fallen in der Regel noch mal bis zu drei Stunden an, die ebenfalls bezahlt werden müssen. Daneben entstehen natürlich noch die Kosten für die anwaltliche Vertretung. Idealerweise werden die Kosten in einem angemessenen Verhältnis zwischen den beiden Eltern aufgeteilt.

Wenn es einem Paar gelingt, sich über alle relevanten Punkte zu einigen, statt sich hierüber vor Gericht zu streiten, kann dabei selbstverständlich sehr viel Geld gespart werden.

Häufig ist die Mediation in einer Beratungsstelle oder beim Sozialdienst des Jugendamtes sogar kostenlos. Bei manchen Beratungsstellen wird anstelle des Honorars um eine Spende gebeten.

VORTEILE DER MEDIATION FÜR DIE KINDER

Die Vorteile für die Kinder liegen eigentlich auf der Hand. Beim Mediationsverfahren spielt sich die Auseinandersetzung zwischen den Eltern in einem vorgegebenen Rahmen ab, der es in besonderer Weise ermöglicht, die Kinder aus dem Streit der Eltern herauszuhalten. Die Kinder sehen, dass ihre Eltern in eigener Verantwortung in der Lage sind, ihre Konflikte zu lösen und zu befriedigenden Ergebnissen zu kommen. Dies stärkt das Vertrauen der Kinder in ihre Eltern ungemein.

Die Wahrscheinlichkeit, dass durch die Mediation die Konflikte tatsächlich beigelegt werden, ist groß. Es bestehen nämlich gute Aussichten, dass die ausgehandelten Regelungen in der Zukunft funktionieren und sich als tragfähig erweisen. Demgegenüber beseitigt eine Entscheidung durch das Gericht die Konflikte nur vordergründig. Meistens schwelen die Probleme weiter und führen auch in Zukunft zu Schwierigkeiten beim Umgang der Eltern untereinander.

Wichtig ist aber noch ein anderer Punkt. Was für Kinder bei Trennung und Scheidung häufig sehr belastend ist, ist das Warten in der Ungewissheit, wie die zukünftigen Regelungen aussehen werden. Was für Eltern möglicherweise absehbare Zeiträume sind, ist für die Kinder eine unerträgliche Ewigkeit. Ein Mediationsverfahren kann diese Zeitspanne erheblich verkürzen, nicht zuletzt auch deshalb, weil dadurch den Kindern und auch den Eltern die zeitaufwendigen Ermittlungsprozeduren des Gerichts erspart werden.

KINDER BRAUCHEN UNTERSTÜTZUNG

Um Kinder bei der Bewältigung der Trennung ihrer Eltern angemessen unterstützen zu können, muss man zunächst wissen, welche Bewältigungsstrategien Kinder entwickeln, um die Scheidung der Eltern zu verarbeiten.

DIE TRENNUNG MUSS BEWÄLTIGT WERDEN

Eine Vielzahl von Untersuchungen kommt zu dem Schluss, dass die Scheidung der Eltern für die Kinder immer ein einschneidendes Erlebnis ist, das sie zunächst in eine seelische Krise stürzt und sich in Verhaltensauffälligkeiten äußert. Typische akute Symptome, die sich in den meisten Untersuchungen wieder finden, sind Trauer, Kränkung, Wut, Schuldgefühle, Nervosität, Loyalitätskonflikte, Angst vor weiteren Verlusten, verstärkte Abhängigkeit vom verbliebenen Elternteil, sozialer Rückzug, Bettnässen, Schlaflosigkeit, Lernstörungen, Disziplinlosigkeit bis hin zu psychosomatischen Erkrankungen. Diese Reaktionen können monate- oder sogar jahrelang anhalten.

ALLE KINDER SIND BELASTET

Zu den Faktoren, die die Reaktionen oder Bewältigungsversuche der Kinder beeinflussen, gehören nach bisherigen Erkenntnissen das Alter bzw. der Entwicklungsstand und das Geschlecht des Kindes. Das große Maß unterschiedlicher Reaktionen lässt sich aber nur bis zu einem gewissen Grad durch alters- und geschlechtsbedingte Unterschiede erklären.

Daneben spielt etwa das Temperament des einzelnen Kindes eine große Rolle. So genannte schwierige Kinder werden durch eine Scheidung sicher nicht pflegeleichter, aber auch so genannte pflegeleichte Kinder können schwierig werden.

Unterschätzt werden darf auch nicht der Einfluss der Veränderung innerhalb der Umwelt der Kinder. Eine Scheidung bringt meist erhebliche Veränderungen im Beziehungsgeflecht der Eltern mit sich. So verändert sich zum Beispiel auch die Beziehung der Eltern zu den jeweiligen Schwiegereltern und damit Großeltern der Kinder.

Das Lebensalter als Anpassungsfaktor

Auch wenn Kinder insgesamt auf die Trennung ihrer Eltern sehr verschieden reagieren, lassen sich einige altersspezifische Reaktionen beobachten. Die Eltern besitzen je nach emotionalem und kognitivem Entwicklungsstand unterschiedliche Wichtigkeit für die emotionale Stabilität der Kinder. Bei Kindern kann die Entwicklungsgeschwindigkeit sehr unterschiedlich sein.

Die im Folgenden angegebenen Altersstufen sind nur als Richtwerte zu verstehen.

In den ersten Jahren ihres Lebens lernen **Kleinkinder**, in Kontakt mit ihrer Umgebung zu treten und unterschiedliche Beziehungen aufzubauen. Die Kinder lernen dabei allmählich, sich als von anderen Personen und Dingen getrennte eigenständige Person zu erfahren. Hierzu benötigt das Kind einen positiven und beständigen Kontakt zu seinen Bezugspersonen.

Die Trennung der Eltern verändert das gerade erst im Aufbau befindliche Beziehungsgefüge des Kindes erheblich. Zum einen ist ein Elternteil plötzlich verschwunden, zum anderen verändert sich die Beziehung zum verbleibenden Elternteil. Viele Kinder sind deshalb übermäßig empfindsam und wollen getröstet und beachtet werden. Manchmal verlieren sie gerade erworbene Fähigkeiten wieder, wie etwa das nächtliche Durchschlafen. In diesem Fall ist es wichtig, dass die Kontakte zu den Eltern dem Kind positive Erfahrungen vermitteln und die Begegnungen mit dem abwesenden Elternteil nicht zu lange unterbrochen werden.

Speziell die massiven Trennungsängste führen oft zu Schlafstörungen, nächtlichem Einnässen und übermäßigem Anklammern an den verbliebenen Elternteil.

Kinder im Alter **von 3 bis 5** Jahren fühlen sich häufig für die Trennung der Eltern verantwortlich. Kinder in diesem Alter können ihre Umwelt noch nicht als unabhängig von ihrer eigenen Person sehen. Sie glauben, sich irgendwie falsch verhalten zu haben, nicht brav genug gewesen zu sein, sodass die Eltern ihnen böse sind und sie bestrafen wollen.

Unmittelbar nach der Trennung reagieren die Kinder deshalb häufig mit besonders gutem Benehmen. Sie glauben erreichen zu können, dass die Eltern wieder zusammenleben. Schnell merken diese Kinder, dass ihre Bemühungen wenig erfolgreich sind. Sie neigen dann zu erheblichen Verhaltensauffälligkeiten in Form von aggressivem und trotzigem Verhalten gegenüber ihrer gesamten Umwelt.

Für diese Kinder ist es besonders wichtig, dass man ihnen die Trennung der Eltern erklärt und ihnen so die Schuld- und Verantwortungsgefühle nimmt. Man sollte ihnen auch Gelegenheit geben und sie darin unterstützen, zu beiden Elternteilen eine positive Beziehung aufzubauen und so ihr Sicherheitsgefühl zu erhalten.

Kinder in den ersten Schuljahren im Alter **von 6 bis 8** Jahren fühlen sich in der Regel für die Entscheidungen ihrer Eltern nicht mehr verantwortlich. Sie machen damit aber auch die Erfahrung, dass sie nur wenig Möglichkeiten haben, das Verhalten ihrer Eltern zu beeinflussen. Sie wissen, dass sie an der Trennung der Eltern nichts ändern und diese nicht rückgängig machen können. Diese Erfahrung führt zu Hilflosigkeit, Kummer und Trauer.

Darüber hinaus haben die Kinder zu beiden Elternteilen noch eine sehr starke Bindung. Zwar werden sie als Schulkinder zunehmend selbstständiger, brauchen dafür aber sehr viel Sicherheit und Vertrauen in der häuslichen Umgebung. Sie sehnen sich daher in besonderem Maße nach dem abwesenden Elternteil. Häufig haben sie noch die Vorstellung, dass sie für ihr Überleben und ihre Sicherheit beide Elternteile brauchen.

Kinder in diesem Alter leiden am meisten unter der unterschiedlichen Gefühlslage aller Familienmitglieder und an den daraus oftmals den Bedürfnissen der Kinder widersprechenden Handlungen ihrer Eltern. Zum Hauptproblem dieser Kinder werden Loyalitätskonflikte. Häufig äußern sich diese Konflikte äußerlich in Konzentrationsschwierigkeiten und dem Abfallen der schulischen Leistungen. Dies gilt vor allem dann, wenn die Kinder zu Entscheidungen im Hinblick auf die Eltern gedrängt werden. Aus dem Konflikt, auch nur indirekt Entscheidungen die Eltern betreffend zu fällen, finden sie oft keinen Ausweg. Die Folge ist eine Verstärkung der Trauer und Hoffnungslosigkeit bis hin zu einer kindlichen Depression. Es sollte daher darauf verzichtet werden, von Kindern in diesem Alter zu verlangen, sich zwischen ihren Eltern auf irgendeine Art zu entscheiden.

Der Verlust eines Elternteils führt oft zu massiven Überlebens- und Zukunftsängsten.

Auch Kinder **zwischen 9 und 12** Jahren befinden sich häufig in heftigen Loyalitätskonflikten. Kennzeichnend für sie ist aber häufig, dass sie in starkem Maße Partei für einen Elternteil ergreifen und sogar den anderen Elternteil intensiv ablehnen. Dieses Verhalten hängt damit zusammen, dass Kinder in diesem Alter besonders darum bemüht sind, für sich selber Vorstellungen von „Richtig“ und „Falsch“, „Gut“ und „Böse“ zu entwickeln. Dabei legen sie großen Wert auf die Eltern als Wegweiser und Ratgeber. Die Enttäuschung über bestimmte Verhaltensweisen von Eltern in Trennungssituationen ist deshalb besonders ausgeprägt. Ein Beispiel hierfür ist etwa das gegenseitige „Schlechtmachen“ der Eltern, ihre heftigen Auseinandersetzungen über Kleinigkeiten. Aus Sicht der Kinder muss aber einer von beiden „Recht“ haben. Der einzige Ausweg für die Kinder aus die-

Bei diesen Kindern treten insbesondere psychosomatische Beschwerden in Form von Kopf- und Bauchschmerzen auf oder es kommt zu einer Verstärkung bestehender Symptome wie Allergien oder Asthma.

sem Dilemma ist die Solidarisierung mit einem Elternteil. Bei der Auswahl dieses Elternteils entscheiden sie aber nicht nach „Gut" und „Böse", sondern treten aus ihrem kindlichen Gerechtigkeitsgefühl meistens für denjenigen ein, den sie für den „Schwächeren" halten, und wenden sich gegen den vermeintlich „Stärkeren". Dies geschieht völlig unabhängig davon, zu wem sie vor der Trennung der Eltern die intensivere Beziehung hatten. Diese häufig sehr ausgeprägte und extreme „Schwarz-Weiß-Entscheidung" der Kinder löst allerdings gleichzeitig heftige Schuldgefühle gegenüber dem abgelehnten Elternteil aus. Dies ist wiederum der Grund dafür, dass Kinder innerhalb dieser Altersgruppe oft mit körperlichen Beschwerden reagieren.

Für diese Kinder ist die Gefahr besonders groß, dass die Eltern unangemessen reagieren. Da die Eltern in Trennungssituationen dazu neigen, sich gegenseitig in schlechtem Licht zu sehen und abzuwerten, begrüßen sie als der „auserwählte" Elternteil die Reaktion des Kindes oder ziehen sich als „abgelehnter" Elternteil übermäßig zurück. Beides hilft dem Kind überhaupt nicht, sondern verstärkt zusätzlich seine Schuldgefühle.

Kinder und Jugendliche **zwischen 13 und 18** Jahren sind am ehesten in der Lage, sich von den Problemen der Eltern abzugrenzen. Deshalb ist eine Trennung und Scheidung der Eltern für sie aber nicht weniger schmerzhaft.

Nicht selten reagieren Jugendliche übermäßig emotional und neigen kurzfristig zu akuten Depressionen.

Häufig kommt es seitens der Jugendlichen zu überstürzten Ablösungsversuchen von den Eltern und einem Rückzug aus der Familie. Sie versuchen sich selber davon zu überzeugen, dass sie die Eltern nicht länger brauchen. Einige Kinder haben aber auch das Gefühl, für den verbleibenden Elternteil sorgen zu müssen, und bieten sich deshalb als „Partnerersatz" an. Hierdurch wird ihnen die eigene Identitätsbildung und Ablösung vom Elternhaus erschwert.

Im Übrigen können die mit einer Scheidung verbundenen finanziellen Einschränkungen bis hin zum sozialen Abstieg der Familie die Jugendlichen in unserer heutigen Gesellschaft erheblich belasten.

Jungen reagieren anders als Mädchen

Viele wissenschaftliche Untersuchungen zeigen, dass Jungen und Mädchen unterschiedlich auf die Scheidung ihrer Eltern reagieren. Dabei werden zwei Formen kindlichen Problemverhaltens unterschieden: die eher nach innen gerichteten Reaktionen wie Depression, Angst oder Rückzug und die eher nach außen gerichteten Störungen wie Aggression, Ungehorsam und Ähnliches.

Jungen reagieren auf die Scheidungsproblematik mehr mit nach außen gerichteten Verhaltensweisen. Sie agieren ihre Gefühle eher aggressiv aus, neigen vermehrt zu Verhaltensproblemen und Schulschwierigkeiten.

Jungen zeigen ganz allgemein stärkere und vor allem längere Beeinträchtigungen.

Mädchen neigen demgegenüber zu nach innen gerichteten Reaktionen. Sie ziehen sich zurück und versuchen den Erwartungen ihrer Bezugsperson zu entsprechen. Gelegentlich wird ein übermäßig kontrolliertes, gutes Benehmen beobachtet.

Diese Unterschiede werden in vielen Fällen durch das Verhalten der Eltern zusätzlich verstärkt. Eltern reagieren gereizt auf das aggressive und schlechte Benehmen ihrer Söhne und machen es damit noch schlimmer. Das aggressive Verhalten von Jungen löst darüber hinaus nicht nur bei den Eltern eher Sanktionen als positive Zuwendung aus, sondern auch bei Lehrern und anderen sozialen Kontakten. Die Reaktionen von Mädchen werden dagegen nicht als störend empfunden und es wird daraus geschlossen, die Mädchen wären weniger belastet. Als Folge davon wird seitens der Umwelt auf die Probleme der Mädchen überhaupt nicht reagiert. Häufig ziehen sie sich dann noch mehr in sich selbst zurück.

Alle Untersuchungen weisen darauf hin, dass möglicherweise die Kinder die Trennung und Scheidung der Eltern besser verkraften, wenn sie beim gleichgeschlechtlichen Elternteil leben. Dies wird daraus abgeleitet, dass die Beziehung der Mütter zu ihren Söhnen nach der Scheidung konflikthafter sei als die zwischen Müttern und Töchtern, was umgekehrt auch für die Beziehung zwischen Vätern und ihren Kindern gelte. Einige der Untersuchungen nennen überzeugende Anhaltspunkte für diese These. Man darf aber nicht vergessen, dass hier viele verschiedene Faktoren eine Rolle spielen. Solange hier nicht weitere sorgfältige Untersuchungen vorliegen, sollte eine allgemeine Aussage über die Vorteile des beim gleichgeschlechtlichen Elternteil liegenden Aufenthaltsortes der Kinder nicht getroffen werden.

WIE SAGE ICH ES DEN KINDERN?

Sogar wenn Kinder gehört haben, dass ihre Eltern häufig über Trennung und Scheidung sprachen, empfinden sie die tatsächliche Trennung als plötzliches Ereignis und erleiden einen Schock.

Während des gesamten Beratungsgesprächs hat Frau Schneider ihre fünfjährige Tochter Miriam auf dem Schoß sitzen. Am Anfang erzählt sie, dass ihr Mann auf ihren Wunsch hin letzte Woche ausgezogen ist. Jetzt möchte sie sich über die Modalitäten einer Scheidung informieren. Mitten im Gespräch fragt die kleine Tochter plötzlich, „Mama, was ist eine Scheidung?“ Die Kleine lässt sich mit einem „Sei still, Schatz“ nicht abfertigen und fragt noch mal. „Das verstehst du noch nicht. Wenn du größer bist, erkläre ich es dir.“ Frau Schneider beugt sich verschwörerisch über den Schreibtisch und flüstert mir zu, „Sie denkt, ihr Vater sei auf Montage. Er hat sich sowieso nie besonders für die Kinder interessiert. Sie wird sich schon daran gewöhnen.“ Ich frage mich, an was Miriam sich wohl gewöhnen soll. Daran, dass Bezugspersonen plötzlich sang- und klanglos aus ihrem Leben verschwinden?

Zunächst muss man sich verdeutlichen, dass für Kinder die Entscheidung der Eltern, sich zu trennen, häufig unerwartet kommt. Das gilt selbst dann, wenn sie von den Problemen der Eltern wussten, Streitigkeiten miterlebt hatten oder gar in diese einbezogen wurden.

Demgegenüber wird fast ein Drittel aller Kinder vor vollendete Tatsachen gestellt. Diese Kinder müssen eines Morgens nach dem Aufwachen feststellen, dass einer ihrer Eltern nicht mehr da ist. Oder sie fahren zu Besuch zu den Großeltern, um dort zu erfahren, das sie nicht mehr nach Hause kommen werden. Manchmal werden sie auch bei Nacht und Nebel eingepackt und in eine neue Wohnung gebracht, die dann ab sofort ihr „Zuhause" sein soll. Natürlich sind nicht alle Fälle so extrem. Häufig erfahren Kinder auch unmittelbar vor dem Auszug eines Elternteils von der Trennung und einige Kinder werden rund einen Monat vorher über die Trennung informiert.

Selbst wenn die Kinder aber rechtzeitig über die bevorstehende Trennung informiert werden, erfolgt seitens der Eltern häufig keine ausreichende weitere Erklärung hierzu. Die Kinder werden über die näheren Umstände und die nähere Zukunft im Unklaren gelassen. So lautet etwa eine typische Antwort auf die Frage von Kleinkindern, „Wann kommt Papa/Mama wieder?", „Ich weiß es nicht" oder noch schlimmer „Bald" oder „Hoffentlich bald". Je kleiner die Kinder sind, desto weniger wird ihnen erklärt in dem Glauben, sie könnten es ohnehin nicht verstehen. Kinder verstehen aber noch viel weniger, wenn ein Elternteil plötzlich nicht mehr zu Hause wohnt.

Nichts wirkt auf Kinder, die durch die Trennung der Eltern belastet werden, traumatisierender als das „Nicht-informiert-Sein".

Natürlich geht es Kindern am besten, wenn sie aus den Auseinandersetzungen der Eltern und jeglichem Scheidungskampf herausgehalten werden. Das bedeutet aber keinesfalls, dass man die Kinder nicht informieren sollte.

Jedes Kind sollte altersgemäß mit verständlichen Worten darüber informiert werden, dass die Eltern aus ihren ehelichen Problemen die Konsequenzen ziehen.

Auch wenn es negative Auswirkungen haben kann, ist es durchaus verständlich, das Eltern zögern, ihre Kinder über die bevorstehende Trennung zu informieren. Manchmal ist ihnen die Situation selber nicht ganz klar und sie entschließen sich sehr kurzfristig zu einer Trennung. Manchmal soll die Trennung vollzogen werden, ohne dass der Partner darüber vorher informiert wird. In vielen Fällen sind die Eltern auch zu sehr mit ihren eigenen Problemen und Gefühlen beschäftigt. Sie wollen oder können sich nicht eingestehen, dass die überraschende Trennung negative Auswirkungen auf ihre Kinder haben kann. Besonders Eltern, die sich u.a. mit dem Argument zur Trennung entschließen, für die Kinder sei dies ohnehin das Beste, möchten nicht realisieren, dass die Trennung für die Kinder zunächst ein Schock ist und keine Befreiung.

Die Fähigkeit und die Bereitschaft der Eltern, sich auf konstruktive Weise mit den Kindern über die Scheidungssituation auszutauschen, ist eindeutig ein Faktor, der den Kindern die Anpassung an die veränderte Situation erleichtert. Während des gesamten Scheidungsprozesses müssen Kinder deshalb über den Stand der Dinge informiert werden. Das gilt selbst für Kleinkinder, die noch nicht laufen können.

Viele Eltern scheuen sich davor, mit ihren Kindern über die Trennung und Scheidung zu sprechen. Es belastet sie, dass es aus ihrer Sicht unumgänglich geworden ist, ihre Kinder in eine Situation bringen zu müssen, unter der sie leiden werden. Häufig wissen sie auch einfach nicht, was sie sagen sollen, weil sie sich selber an die für sie neue Situation noch nicht gewöhnt haben. Für die Eltern stellt sich damit die Frage, zu welchem Zeitpunkt und auf welche Weise das Kind über die bevorstehende Scheidung informiert werden sollte.

Wer sagt es den Kindern?

Grundsätzlich ist es am besten, wenn die Eltern sich dazu durchringen können, gemeinsam mit ihren Kindern zu sprechen. Für die Kinder wird daraus deutlich, dass die Entscheidungen von beiden Elternteilen getragen werden und keiner von beiden allein verantwortlich ist. Deshalb ist von Bedeutung, dass beide Elternteile aktiv an dem Gespräch teilnehmen. Manchmal ist der Konflikt zwischen den Eltern aber bereits so heftig, die gegenseitige Ablehnung so groß, dass ein gemeinsames konstruktives Gespräch unter Beteiligung beider Elternteile nicht mehr möglich erscheint. Wenn die Eltern ein solches Gespräch zu Auseinandersetzung und gegenseitigen Schuldzuweisungen missbrauchen, schadet dies der „Gemeinsamkeit" mehr, als es nützt. Eine Möglichkeit wäre dann, zu dem Gespräch einen kompetenten Dritten hinzuzuziehen, der mit beiden Eltern und ihren Kindern über die bevorstehende Trennung spricht. Manche Eltern können sich aufgrund ihrer konflikthaften Beziehung allerdings nicht darauf einigen, mit den Kindern einen Berater oder Psychotherapeuten aufzusuchen. Am besten ist es dann noch, wenn die Eltern getrennt voneinander mit den Kindern sprechen.

Auch wenn die folgenden Anregungen vom Idealfall ausgehen, dass sich beide Elternteile an dem Gespräch beteiligen, gelten sie genauso, wenn ein Elternteil nicht bereit sein sollte, an einem solchen Gespräch teilzunehmen, oder ein solches Gespräch aus anderen Gründen nicht möglich sein sollte.

Wesentlich ist, dass jedes Kind in altersgemäßer Weise informiert wird.

Die wesentlichen Gesprächsinhalte

Sie sollen sich einfach, klar und verständlich ausdrücken. Im Übrigen kennen Sie Ihr Kind und seinen emotionalen und kognitiven Entwicklungsstand selber am besten, um beurteilen zu können, auf welche Weise sie ihm etwas verständlich machen. Allgemein gültige Regeln lassen sich hierfür kaum aufstellen. Dem Kind sollten auch nicht mehr Informationen gegeben werden, als es verarbeiten kann. Idealerweise sollten Sie die folgenden relevanten Punkte gegenüber Ihrem Kinde ansprechen:

„Wir trennen uns." Erklären Sie Ihrem Kind, was das bedeutet. Dabei ist besonders wichtig, dass Sie den Kindern erklären, dass Eltern zwar von ihrem Eheversprechen und der Verpflichtung zusammen zu wohnen entbunden werden können, nicht aber von ihren elterlichen Pflichten. Verdeutlichen Sie den Kindern, dass Sie nicht aus einer Laune heraus handeln, sondern sich Ihre Entscheidung lange und gut überlegt haben. Sie vermeiden damit auch, bei den Kindern unbegründete Hoffnungen auf eine Versöhnung zu wecken.

„Ihr seid nicht der Grund für die Trennung." Viele Kinder glauben, sie hätten etwas getan, das die Trennung verursacht oder dazu beigetragen hat. Helfen Sie ihnen zu verstehen, dass es eine Entscheidung der Ehepartner ist, die mit den Kindern nichts zu tun hat. Sollten Kinder dennoch Schuldgefühle äußern, muss ihnen deutlich und eindringlich gesagt werden, dass diese unbegründet sind.

Uneins sind sich die Psychologen über die Frage, ob die Kinder die Gründe für die Trennung der Eltern erfahren sollen.

Dafür, dass man einem Kind die Gründe für die Trennung sagt, spricht, dass es dann möglicherweise besser versteht, warum die Eltern sich trennen, und noch mehr die Überzeugung gewinnt, selber nicht dafür verantwortlich zu sein. Ein weiterer Grund für eine diesbezügliche Information ist, dass das Kind möglicherweise von dritter Seite auf eventuelle Gründe angesprochen wird oder davon erfährt.

Dagegen spricht, dass die Eltern die Gründe häufig selber nicht genau kennen, dass jeder Elternteil seine eigenen Gründe hat und dass diese häufig viel zu komplex sind, um sie einem Kind angemessen vermitteln zu können. Allein mit der Aussage etwa „Dein Vater hat eine andere Frau" oder „Deine Mutter hat einen anderen Mann" ist es ja nicht getan. Das Kind kennt damit immer noch nicht den Grund, warum das so ist. Der jeweilige Ehepartner müsste dann noch die Gründe erläutern, warum er sich einem neuen Partner zugewandt hat. Er müsste etwa erklären, dass er Bedürfnisse hat, sei es nun nach Liebe, Verständnis oder Zuneigung, die in der Ehe nicht befriedigt werden. Dabei handelt es sich aber um typische Bedürfnisse von Erwachsenen, von denen Kinder noch nichts wissen. Das Kind glaubt zu wissen, was Liebe ist, hat aber von der grundsätzlich anderen Liebe unter Erwachsenen keine Ahnung.

Mit dem Verständnis der Bedürfnisse der Eltern als Paar sind Kinder oft schnell überfordert.

Wenn Sie sich trotzdem dazu entschließen, die Kinder über die genauen Gründe zu informieren, versuchen Sie darauf zu achten, dass dies nicht in einer den einen Elternteil degradierenden Weise geschieht.

Natürlich ist es verlockend, wenn man das Verhalten des Partners missbilligt und sich dadurch zutiefst verletzt fühlt – etwa im Fall von außerehelichen Beziehungen des Partners –, diese Missbilligung auch gegenüber dem Kind zum Ausdruck zu bringen. Damit können Kinder aber ebenfalls überfordert sein. Man darf von einem Kind nicht erwarten, dass es die gleiche Einschätzung des anderen Elternteils vornimmt wie man selber. Nicht alles, was den einen Elternteil stört, muss auch für das Kind ein Problem sein. Das Kind sollte die Möglichkeit haben, beide Elternteile aus seiner eigenen Sicht zu bewerten.

Besondere Vorsicht ist geboten, wenn man bei abwertenden Äußerungen verkennt, inwieweit sich ein Kind mit dem anderen Elternteil identifiziert. Auch hierzu ein Beispiel:

Bei seiner Anhörung durch den Richter erklärt der sechsjährige Marco, er wolle bei seiner Mutter bleiben. Auf keinen Fall wolle er, dass der Vater weiterhin Verantwortung für ihn trage, wenn er bei der Mutter wohne. Hierauf erkundigt sich der Richter, ob Marco seinen Vater denn nicht lieb habe. Wörtlich heißt es dann hierzu im Protokoll. „Doch, ich habe Papa schon ganz gern. Aber Papa ist ein verantwortungsloser, gemeiner Egoist. Er treibt sich rum. Dann trinkt er mit anderen Frauen. Der Papa ist ganz böse und gemein."

Marco wird daraufhin gefragt, ob er denn erklären könne, was ein „Egoist" sei. Dazu zuckt er nur mit den Schultern. Auf die Frage, ob der Papa denn zu ihm, Marco, böse und gemein wäre, schüttelt er empört den Kopf. Nein, zu ihm sei der Papa immer nett. Sie würden am Wochenende meistens etwas unternehmen. Er erzählt weiter, er selber wisse auch nicht, wann der Vater sich „rumtreibe". Der Vater bringe ihn abends immer ins Bett und morgens beim Frühstück sei er wieder da. Ihn selber störe es deshalb auch nicht. Aber er wisse genau, dass man sich nicht rumtreiben dürfe. Die Mama schimpfe immer mit ihm, wenn er zu spät von der Schule heimkomme, und dann frage sie ihn, wo er sich rumgetrieben habe. Deshalb könne er den Vater eigentlich auch wieder ganz gut verstehen, weil er ja selber mit seinen Schulkameraden nach der Schule noch gern spiele.

Der Mama dürfe er das natürlich nicht sagen, sonst meine sie, er sei auch ein gemeiner Egoist, und das wolle er auf keinen Fall. Deshalb wolle er den Papa eigentlich auch nicht mehr so gern haben. Die Mama wisse bestimmt, warum der Papa böse sei. Sicher habe er etwas ganz Schreckliches getan, was die Mama ihm nicht erzähle. Es bedarf wohl keiner weiteren Erläuterungen, wie sehr Marco durch die Erklärungen der Mutter verunsichert wurde. Er selber erlebt den Vater weder als böse noch als gemein. Im Gegenteil identifiziert er sich mit seinem Vater sogar, was das „Rumtreiben" angeht. Dabei hat er davon natürlich eine ganz andere Vorstellung als seine Mutter. An die Stelle von Marcos eigener Beziehung zu seinem Vater, seiner Erfahrungen mit ihm und seiner Bewertung sind jetzt die Beurteilungen seiner Mutter getreten.

„Wir sind für unsere Entscheidung verantwortlich." Betonen Sie, dass eine Trennung und Scheidung ausschließlich eine Angelegenheit der Erwachsenen ist und dass Sie die volle Verantwortung dafür übernehmen. Weil das so ist, konnten die Kinder die Trennung der Eltern nicht verhindern und werden die Entscheidung der Eltern auch in Zukunft nicht ändern können. Kinder müssen wissen, dass sie keine Möglichkeit haben, auf die Ehe ihrer Eltern Einfluss zu nehmen. Wenn sie glauben, dass sie ihre Eltern wieder zusammenbringen könnten, werden sie möglicherweise Dinge unternehmen, um dies zu erreichen. Die fortwährende Enttäuschung, wenn dies nicht klappt, frustriert die Kinder dann zusätzlich.

Viele Kinder glauben, sie könnten helfen, die Eltern wieder zusammenzubringen.

„Wir bleiben eure Eltern." Verdeutlichen Sie Ihren Kindern, dass sie beide Elternteile behalten werden. Sagen Sie ihnen, dass Sie sie jetzt noch genauso lieb haben wie immer und dass sich daran nichts ändern wird. Kinder brauchen die Gewissheit, dass beide sie weiterhin lieben und umsorgen werden. Der Elternteil, bei dem die Kinder in Zukunft nicht ständig leben werden, sollte genau erklären, wo er wohnen wird und wie die Kinder und er den Kontakt zueinander aufrechterhalten können. Je genauer hier die Informationen und die Planung sind, desto weniger müssen die Kinder den

Verlust eines Elternteils fürchten. Man sollte auch die Logik der Kinder nicht unterschätzen. Häufig wird Kindern erklärt, sie seien geboren worden, weil Mama und Papa sich so lieb gehabt haben. Manchmal schließen Kinder dann aus der Tatsache, dass die Eltern sich trennen, den Eltern täte es Leid, dass das Kind auf die Welt gekommen ist. Sie müssen dem Kind dann erklären, dass es Ihnen nicht Leid tut, dass Sie geheiratet haben (auch wenn Ihnen das schwer fällt), weil dadurch das Kind auf die Welt gekommen ist und Sie beide froh sind, dass es da ist.

„So geht es weiter." Es ist sehr wichtig, dass Kinder genau über die zu erwartenden Veränderungen informiert werden. Sie haben damit die Möglichkeit, sich auf die Veränderungen einzustellen, was ihnen Vertrauen und Sicherheit vermittelt. Erzählen Sie Einzelheiten etwa über die Veränderung der materiellen Situation der Familie, einen Umzug, die Aufnahme einer Beschäftigung durch die Mutter oder Ähnliches. Halten Sie dabei keine für das Kind bedeutsamen Informationen zurück. Kinder spüren das oft, wodurch Ihr Vertrauen in die Eltern abnimmt.

Gehen Sie einfühlsam auf die Reaktion des Kindes ein und beruhigen Sie es.

„Möchtet ihr etwas fragen?" Idealerweise haben Sie den Kindern jetzt vermittelt, dass Sie die Situation unter Kontrolle haben. Dennoch müssen Sie damit rechnen, dass die Kinder mit Schmerz, Trauer, Verlustgefühlen und Angst oder auch anfänglichem Trotz reagieren. Diese Reaktionen sind aber völlig normal und geben dem Kind die Möglichkeit, sich auf die veränderte Situation einzustellen. Lassen Sie deshalb auch übermäßige Gefühlsäußerungen des Kindes wie Tränen oder Schreien zu, sie bringen ihm Erleichterung. Sollte das Kind sich verbal äußern, dann hören Sie genau zu und bemühen Sie sich darum, Ihr Kind zu verstehen. Besprechen

Sie seine Befürchtungen ausführlich mit ihm. Geben Sie ihm die Möglichkeit und das Gefühl, alle Fragen zu stellen, die es möchte. Selbstverständlich müssen die Fragen der Kinder ehrlich beantwortet werden. Sollten Sie auf eine Frage keine Antwort wissen, geben Sie dies zu. Keinesfalls sollten Sie in Gegenwart der Kinder hierüber eine Diskussion beginnen. Besser ist es, dem Kind zu versichern, dass Sie sich darüber Gedanken machen werden und die Frage zu einem späteren Zeitpunkt beantworten. Das sollten Sie dann allerdings auch tun.

Über den richtigen Zeitpunkt

Das Ehepaar Jörg hat sich im Laufe einer Eheberatung zur endgültigen Trennung entschlossen. Beiden liegt viel daran, sich gütlich zu trennen. Sie wollen vor allem die fünfjährige Tochter Melanie so wenig wie möglich belasten. Schon in der Vergangenheit haben sie stets vermieden, in Gegenwart der Tochter zu streiten. Unter Mithilfe ihres „Eheberaters" (inzwischen wohl „Trennungsberater") haben sie sich über die wesentlichen Modalitäten der Trennung geeinigt. Herr Jörg hat sich eine neue Wohnung gesucht. Frau Jörg soll mit der Tochter in der bisherigen Wohnung bleiben. Beide sind sich darüber einig, dass Melanie noch zu jung ist, um über das, was auf sie zukommt, eingehender informiert zu werden. Am Abend vor dem Auszug des Vaters erklären beide gemeinsam der Tochter, dass er am nächsten Tag ausziehen werde. Beide versprechen, sie würden sich weiterhin um Melanie kümmern und „eine Familie sein". Melanie begreift nicht, wie sie eine Familie sein sollten, wenn der Vater nicht mehr bei ihnen lebt. Aber auf Nachfragen der Eltern, ob sie das verstehe oder noch Fragen habe, nickt sie nur. Zunächst sieht es also so aus, als würde Melanie die Trennung ihrer Eltern sehr gut verkraften. Schon am nächsten Wochenende, an dem Melanie den Vater besuchen soll, treten aber Probleme auf. Melanie will nicht mit dem Vater gehen. Sie klammert sich an ihre Mutter und weint. In der Folgezeit weigert sie sich nicht nur, den Vater zu besuchen, sondern lehnt jeden Kontakt mit ihm ab. Auch der Mutter gelingt es nicht, das Kind zu einer anderen Haltung gegenüber dem Vater zu bewegen.

Obwohl sich das Ehepaar Jörg nahezu vorbildlich gegenüber seiner 5-jährigen Tochter verhalten hat, zeigt diese extrem negative Reaktionen auf die Trennung der Eltern. Im konkreten Fall äußert sich dies in einer übermäßigen, nicht nachvollziehbaren Ablehnung gegenüber dem Vater. Dabei hatte Melanie vor der Trennung eine sehr gute und innige Beziehung zum Vater. Das Problem in diesem Fall war die Wahl des falschen Zeitpunktes.

Was dem Kind angekündigt wurde, wurde nahezu unmittelbar darauf verwirklicht. Darauf war das Kind nicht gefasst.

Eltern sind sich häufig der Tatsache nicht bewusst, dass sich im Herzen des Kindes ein dynamischer Prozess abspielt, über den es im Augenblick des Geschehens nicht sprechen kann, dessen Auswirkungen sich aber später zeigen. Im geschilderten Beispielsfall hat der Vater das Kind ohne Vorwarnung vor vollendete Tatsachen gestellt. In Erziehungsratgebern wird häufig darauf hingewiesen, dass Kinder eine feste Routine brauchen, um bestimmte Dinge zu lernen. In diesem Zusammenhang lernen Kinder auch, dass den Handlungen, die keiner Routine unterliegen, Pläne vorausgehen. Wird demgegenüber ein Ereignis angekündigt und unmittelbar darauf in die Tat umgesetzt, wirkt dies auf Kinder häufig traumatisierend.

Das Ehepaar Jörg wollte durch sein Verhalten Melanie vor einer Überforderung schützen. Tatsächlich hat die elterliche Handlungsweise bei ihr jedoch Gefühle des Ausgeliefertseins und der Hilflosigkeit erzeugt. Nach dem gemeinsamen Gespräch zwischen Eltern und Kindern oder auch nur zwischen einem Elternteil und den Kindern über die Trennung und die weitere Zukunft müssen Kinder das Gefühl haben, ihre Ansichten noch äußern und ihre Bedürfnisse einbringen zu können. Nur wenn sie hierzu Zeit und Gelegenheit erhalten, gewinnen sie das Gefühl, wichtig genommen zu sein und geachtet zu werden. Dabei müssen die Möglichkeiten der Mitgestaltung der die Kinder betreffenden Belange natürlich altersgemäß und eben frühzeitig angeboten werden. Dann erweisen sich Kinder oft dort als besonders verständig, wo Eltern mit keiner Einsicht der Kinder rechnen.

SEIEN SIE FÜR IHR KIND DA

Zeigen Sie ihrem Kind noch häufiger als sonst ihre Zuneigung – verbal, durch liebevolle Gesten und durch Körperkontakt. Je kleiner das Kind ist, desto mehr Sicherheit und Vertrauen gewinnt es durch die körperliche Anwesenheit eines Elternteils. Körperliche Nähe während einer Krisenzeit wirkt sich aber auch auf ältere Kinder beruhigend und entwicklungsfördernd aus. Für Kinder ist es sehr wichtig zu erfahren, dass die Trennung der Eltern nicht eine Abnahme an elterlicher Aufmerksamkeit und zärtlicher Zuwendung bringen muss. Nehmen Sie sich wenn möglich noch mehr Zeit als vorher für Ihre Kinder. Unternehmen Sie so viel wie möglich gemeinsam.

Gerade kleinere Kinder bringen ihre Gefühle häufig beim Spielen oder Malen zum Ausdruck. So haben Sie mehr Möglichkeiten zu erfahren, was in Ihrem Kind wirklich vorgeht.

Gemeinsame Gespräche mit den Kindern sind neben körperlicher Zuwendung der beste Weg, Kindern über Unsicherheit, Trauer und Hilflosigkeit hinwegzuhelfen und so die Gefühlswelt der Kinder wieder zu stabilisieren. Während der ersten Trennungszeit sind alle Kinder mit vielen Fragen, Sorgen und Ängsten beschäftigt. Bieten Sie Ihren Kindern deshalb möglichst oft die Gelegenheit, Fragen zur Trennung und ihren Folgen zu stellen. Es ist wichtig, dass die Kinder den Eindruck haben, über alles sprechen zu können und dafür Zuhörer zu haben. Fordern Sie Ihre Kinder aber auch auf, ihre Gefühle zu äußern, und vermitteln Sie so die Sicherheit, dass über alles offen geredet werden kann. Das hilft den Kindern, auch Gefühle wie Wut, Feindseligkeit, Verärgerung und Enttäuschung anzunehmen und als in ihrer Situation normal zu erleben. Die Erfahrung in der Praxis zeigt, dass offene Gespräche mit den Kindern über Trennung und Scheidung immer noch viel zu selten sind. Häufig neigen alle Familienmitglieder dazu, sich aus Scham, Misstrauen, Enttäuschung und ähnlichen Empfindungen schweigend zurückzuziehen. Um Schmerzgefühle zu ersparen, werden manche Themen gar nicht angesprochen. Solche Tabus sollten Sie vermeiden.

Nur wenn Kinder sich frei äußern, ist es möglich, ihnen bei der Bewältigung ihrer Probleme zu helfen.

Die Gespräche ermöglichen den Kindern auch, die Realität der elterlichen Trennung zu akzeptieren und die daraus resultierenden Veränderungen besser zu verstehen. Den Kindern fällt es dann oft auch leichter, sich von den Problemen und Konflikten der Eltern psychisch zu distanzieren.

HALTEN SIE IHRE KINDER AUF DEM LAUFENDEN

Die Eltern von Joachim und Kerstin leben seit zwei Jahren getrennt, sind aber noch nicht geschieden, als sich die Mutter entschließt, zu ihrem neuen Lebenspartner in eine andere Stadt zu ziehen. So recht will Joachim das eigentlich nicht glauben. Er will nicht in eine andere Stadt ziehen und alle seine Freunde verlieren. Außerdem wohnt er hier in der Nähe von seinem Vater und kann diesen auch unter der Woche besuchen. Manchmal erklärt er, er werde nicht umziehen. Dabei vertraut er ganz fest darauf, dass seine Mutter nicht umziehen wird, wenn er nicht mitgeht. Auch Joachims Vater hat ihm immer versichert, er müsse nicht umziehen, wenn er das nicht wolle. Eines Morgens sagt die Mutter dann vor der Schule zu ihrem Sohn, dies werde sein letzter Schultag in der alten Schule sein. Ab nächste Woche soll Joachim in eine neue Schule gehen, denn heute wird umgezogen. Auch Joachims Vater wurde über den so kurz bevorstehenden Umzug seiner Kinder nicht informiert. Und schließlich musste Joachim entgegen seinen Erwartungen doch umziehen.

Ein Umzug kurz nach der Trennung der Eltern ist für Kinder eine weitere große psychische Belastung.

Man mag geteilter Meinung darüber sein, ob es sinnvoll ist, den Kindern zwei Jahre nach der Trennung erneut die Umstellung ihrer Lebensumstände zuzumuten. Bei allem Verständnis für die Vorgehensweise von Joachims Mutter, was ihre eigenen Bedürfnisse angeht, ist ihr Verhalten in Bezug auf das Kind schlicht inakzeptabel. In erster Linie hatte die Mutter natürlich Angst, ihren Sohn zu verlieren, wenn sie den Umzug früher angekündigt hätte. Besondere Sorgen machten ihr dabei natürlich auch die möglichen Reaktionen des Vaters. Nachdem also der Vater im Dunkeln gelassen werden sollte, galt dies notgedrungen auch für den Sohn. Ihrem Sohn hat die Mutter damit aber ein höchst traumatisierendes Erlebnis beschert.

Im Wesentlichen gilt hier dasselbe, was bereits oben zur Information über die Trennung gesagt wurde. Die negativen Auswirkungen der fehlenden Information sind während dieser Zeit der Trennung allerdings noch schlimmer, nachdem das Kind mit der eigentlichen Trennung seiner Eltern eben erst eine Krise zu überwinden hatte oder noch nicht mal ganz überwunden hat. Der Mangel an Information ist hier geeignet, das Vertrauen eines Kindes in seine Bezugspersonen völlig zu zerstören. Informieren Sie Ihre Kinder deshalb frühzeitig über sie betreffende anstehende Veränderungen oder Ereignisse. Das gilt z. B. für die Einreichung der Scheidung oder anstehende Gerichtstermine, die Entscheidung, mit einem neuen Lebenspartner zusammenzuziehen, oder etwa auch den Verkauf des Elternhauses. Wenn Sie merken, dass Ihr Kind sich bei einer unangenehmen Veränderung in die Hoffnung flüchtet, diese werde nicht eintreten, beteiligen Sie Ihr Kind an den Vorbereitungen.

Kinder sollte man in die Zukunftspläne rechtzeitig einweihen.

Im konkreten Fall wäre es sicherlich sinnvoll gewesen, zuerst den Vater frühzeitig über den Umzugstermin zu informieren. Möglicherweise hätte dieser versucht, den Umzug seiner Kinder zu verhindern. Die hieraus entstehenden Probleme wären aber im Vergleich zu dem traumatisierenden Erlebnis des Kindes wesentlich weniger dramatisch. Dann hätte Joachim ebenfalls frühzeitig über den Termin informiert werden können. Er hätte direkt an den Vorbereitungen beteiligt werden können, indem er etwa geholfen hätte, Kisten und Koffer zu packen. Schließlich hätte seine Mutter für ihn eine Abschiedsparty organisieren können.

Besprechen Sie mit Ihren Kindern Zukunftspläne, um ihnen die Möglichkeit zu geben, Vorschläge einzubringen, kleine Änderungen anzuregen und Teile der Pläne, von denen sie betroffen sind, mit zu entwickeln. Kinder sind dann besser in der Lage, sich auf Veränderungen einzustellen. Das bedeutet nicht, dass die Kinder gleichberechtigt mitentscheiden sollen. Damit wären Kinder überfordert.

ERLAUBEN SIE MÖGLICHST UNBESCHRÄNKTEN KONTAKT ZUM ABWESENDEN ELTERNTEIL

Den Kindern sollte von beiden Elternteilen erlaubt werden, den jeweils abwesenden Elternteil jederzeit anzurufen und zu besuchen (wenn das Alter des Kindes und die räumliche

Entfernung dies zulassen). Der abwesende Elternteil sollte von seiner Seite mit den Kindern zumindest in den ersten Monaten nach der Trennung täglich Kontakt halten und sich möglichst häufig mit ihnen treffen. Es versteht sich von selbst, dass er dabei pünktlich und verlässlich sein sollte.

Eltern müssen Entscheidungen mit ihren Kindern besprechen, aber dennoch die ganze Verantwortung für ihr Handeln tragen.

So einfach dies klingt, stellt es für viele betreuende Elternteile das größte Problem dar. Wenn sie sich endlich getrennt haben, wollen sie vom Expartner so wenig wie möglich sehen und hören. Die Kinder sehen das natürlich ganz anders.

Frau Bender ist mit den beiden gemeinsamen Kindern aus der Ehewohnung ausgezogen. Die neue Wohnung liegt nicht sehr weit entfernt. Die Kinder können weiterhin zur Fuß zur Schule gehen und auch den Vater zu Fuß besuchen. Die Eltern haben sich darauf geeinigt, dass die Kinder jedes zweite Wochenende beim Vater verbringen und darüber hinaus von Mittwoch auf Donnerstag bei ihm übernachten dürfen. Häufig besuchen die Kinder den Vater auch einfach spontan. Ihre Freunde wohnen in der Nähe und auf dem Weg in die Stadt kommen sie ohnehin am Haus vorbei. Der Sohn hat auch noch sein Fahrrad beim Vater stehen. Irgendwann steht Herr Bender auf dem Balkon, als seine Kinder unten vorbeilaufen. Er ruft ihnen zu, sie sollen doch raufkommen. „Das geht nicht", schreit seine Tochter zurück, „Mama hat verboten, dass wir bei dir klingeln!" Frau Bender hat ihren Kindern verboten, den Vater außerhalb der vereinbarten Zeiten aufzusuchen. Außerdem hat sie ihre Kinder angewiesen, die noch beim Vater befindlichen Spielsachen und Kleidungsstücke abzuholen. Im Gerichtsverfahren gibt sie später an, wenn die Eltern ihres Mannes bei den Besuchen gerade da seien, versuchten sie häufig, die Kinder gegen sie aufzuhetzen. Außerdem brauchten die Kinder Ruhe und einen geregelten Tagesablauf. Sie müssten sich daran gewöhnen, dass sie den Vater jetzt nicht mehr so oft sehen könnten. Außerdem sei es wichtig, dass sie realisieren würden, dass sie in der alten Wohnung nicht mehr zu Hause, sondern nur zu Besuch seien.

Im Ergebnis überzeugt keines der Argumente von Frau Bender, mögen sie auch gut gemeint sein. Natürlich möchte niemand, dass ein Dritter seine Kinder gegen ihn aufhetzt. Sinnvoller wäre es jedoch, diesen Konflikt direkt mit den Beteiligten und nicht über den Umweg der Kinder auszutragen. Zumal damit ein „Aufhetzen" während der vereinbarten Besuchszeiten nicht ausgeschlossen wird. Eine Verminderung der Kontakte mit dem Vater dient auch keineswegs dazu, die Beziehung von Frau Bender zu ihren Kindern zu stabilisieren. Im Gegenteil kann ein solches Verhalten aufseiten der Kinder zu tiefer Verunsicherung führen. Entgegen einer weit verbreiteten Auffassung bringt eine Reduzierung des Umgangs keine Ruhe für das Kind. Schon gar nicht, wenn das Kind selber den Umgang wünscht. Der unbeschränkte Umgang ist für das Kind eine gute Möglichkeit, dem abwesenden Elternteil seine Zuneigung zu zeigen und so diesem gegenüber Schuldgefühle zu vermeiden. Es kann sich beim betreuenden Elternteil wohl fühlen, ohne das Gefühl zu haben, der andere Elternteil käme zu kurz. In Wirklichkeit dient das Ruheargument letztlich allein den Bedürfnissen der Erwachsenen. Schließlich möchte Frau Bender erreichen, dass in ihrem Leben und dem Leben der Kinder Normalität einkehrt. Die Kinder sollen einen „geregelten" Tagesablauf haben. Es ist richtig, dass Normalität und Routine wichtig sind, um Kindern Sicherheit zu geben. Aber ist der unbeschränkte Kontakt zum Vater nicht die normalste Sache der Welt? Die Auffassung, die Kinder müssten sich daran gewöhnen, in der alten Wohnung nicht mehr zu

Hause zu sein, steht schließlich im diametralen Gegensatz zu den Erkenntnissen, wie wichtig es für Kinder ist, sich bei beiden Elternteilen zu Hause zu fühlen. Im Übrigen bringt Frau Bender ihren elfjährigen Sohn nur in zusätzliche Probleme. Er setzt sich nämlich über das Verbot der Mutter in dem Wunsch, den Vater zu sehen, häufig hinweg.

Wenn der zehnjährige Andreas das Wochenende bei seinem Vater verbrachte, zog er sich abends mit dem Telefon in sein Bett zurück, um mit der Mutter zu telefonieren. Er versteckte sich mit einer Taschenlampe unter der Bettdecke und erzählte seiner Mutter alles, was er tagsüber gemacht hatte. Sein Vater hatte dafür nur wenig Verständnis. Eines Tages war das Verlängerungskabel des Telefons verschwunden. Wenn Andreas jetzt mit seiner Mutter telefonieren wollte, musste er sich im Flur auf den Boden setzen. Meistens kam dann sein Vater auf dem Weg zur Küche oder zum Bad ein paarmal vorbei. Es dauerte nicht lange, da wurden die Anrufe von Andreas bei seiner Mutter immer seltener und irgendwann hörten sie ganz auf. Der Vater nahm mit Befriedigung zur Kenntnis, dass sein Sohn anfing, sich von der Mutter zu lösen.

Selbstverständlich muss es den Kindern ermöglicht werden, ungestört mit dem anderen Elternteil zu telefonieren. Welches Kind mag schon frei reden, wenn die Mutter oder Vater daneben steht und zuhört. Auch Kinder haben das Recht auf eine Privatsphäre, die respektiert werden muss.

Versuchen Sie den Kindern zusätzliche Quellen der Zuneigung und der Unterstützung in der Person von Großeltern und Verwandten zu erhalten.

WAS SIE VERMEIDEN SOLLTEN

Es muss immer wieder betont werden, dass es für Kinder das Allerbeste ist, wenn sie aus jeglichem Scheidungskampf herausgehalten, gleichzeitig aber über relevante Dinge angemessen informiert werden. Daneben sollten Sie versuchen, ein Verhalten Ihrerseits zu vermeiden, welches die Kinder zusätzlich belastet oder verunsichert. Das ist natürlich leichter gesagt als getan. Wer weiß schon immer ganz genau, was in Kindern vorgeht. Ich möchte deshalb nur beispielhaft einige Dinge aus meiner eigenen Erfahrung im Umgang mit „Scheidungsfamilien" nennen.

Lassen Sie Ihren Ärger über den Expartner oder andere Dinge nicht an Ihrem Kind aus. Typisches Beispiel hierfür sind Aggressionen gegen das Kind, die sich eigentlich gegen ganz andere Dinge und Personen richten. Frau Paul hat mal wieder ein nervenaufreibendes Telefongespräch mit ihrem Mann beendet, der ihr gesagt hat, er wolle mit den Kindern dieses Jahr gemeinsam mit seiner Freundin in Urlaub fahren. Ihre 13-jährige Tochter quengelt schon seit Wochen, sie brauche unbedingt einen neuen CD-Player. Auch jetzt kommt sie in die Küche und erklärt der Mutter vorwurfsvoll, sie könne sich die neue CD, die sie vom Vater zum Geburtstag bekommen habe, nicht anhören. Völlig unvermittelt herrscht Frau Paul ihre Tochter an, „Sag das deinem Vater, der zahlt doch so wenig Geld für euch. Er macht sich einen fröhlichen Lenz und ich kann hier schuften." Völlig verwirrt verlässt die Tochter weinend die Küche. Es ist verständlich, dass eine Mutter oder ein Vater in einem solchen Moment einmal die Nerven verliert. Aber versuchen Sie immer daran zu denken, wie Ihre Reaktion auf Ihr Kind wirkt. Versuchen Sie tief durchzuatmen und Ihren Wutausbruch auf später zu verschieben.

Eine Unsitte ist es, dass Mütter oder Väter ihre Kinder zum Besprechungstermin beim Anwalt mitnehmen.

Es ist überhaupt eine häufig verbreitete Unsitte, den Kindern Wünsche mit dem Argument zu verwehren, der Vater (oder die Mutter) zahle eben nicht genug Unterhalt. Entweder die Eltern haben sich über den Unterhalt geeinigt oder das Gericht hat ihn festgesetzt, und dabei sollte man es dann auch bewenden lassen.

UND KEIN ENDE? PROBLEME NACH DER SCHEIDUNG

Die Zeit vor und während der Scheidung muss erst einmal verarbeitet werden – von Ihnen und von Ihren Kindern. Im Interesse Ihrer Kinder sollten Sie sich jedoch gemeinsam mit dem Partner darum bemühen, Ihre Konflikte zu lösen.

MIT DER SCHEIDUNG IST NICHT SOFORT ALLES GEREGELT

Den meisten betroffenen Kindern gelingt es, sich etwa zwei Jahre nach der Scheidung ihrer Eltern an die neue Situation anzupassen und sich ihrer normalen Entwicklung zuzuwenden. Viele Kinder benötigen aber auch in der Zeit nach der Scheidung noch Unterstützung bei der Verarbeitung der mit der Trennung ihrer Eltern verbundenen Erfahrungen. Während in der Vorscheidungs- und der Scheidungsphase viele Probleme aktuell und in ihren Ursachen relativ leicht zu erkennen sind, gilt dies weniger für die Phase nach der Scheidung – insbesondere wenn die eigentliche Scheidung schon einige Zeit zurückliegt. Man muss sich aber verdeutlichen, dass Kinder nicht nur qualitativ unterschiedlich reagieren können, sondern auch unterschiedlich viel Zeit zur Anpassung an die neue Situation benötigen.

SEIEN SIE SELBSTKRITISCH!

Ein Grund dafür, dass Kinder auch nach der Scheidung der Eltern auffällig reagieren können, ist, dass der Konflikt zwischen den Eltern andauert und sich auf die Kinder überträgt. Mehrere Untersuchungen haben gezeigt, dass Kinder, die auch nach der Scheidung in die Konflikte ihrer Eltern hineingezogen wurden, am ehesten der Gefahr von anhaltenden Entwicklungsstörungen ausgesetzt waren. Das ist auch nicht weiter verwunderlich, wenn man bedenkt, dass für diese Kinder der einzig positive Aspekt einer Scheidung, nämlich die Beendigung der familiären Auseinandersetzungen, wegfällt.

In vielen Fällen sind die Konflikte zwischen den Eltern nach dem Abschluss des juristischen Scheidungsverfahrens noch relativ akut. Die Bewältigung einer Scheidung dauert meist sehr viel länger als nur bis zum Scheidungsurteil. Den meisten Eltern gelingt es innerhalb von zwei Jahren nach der Scheidung, ihrer Konflikte so weit zu bewältigen, dass sie einen beherrschten und einigermaßen entspannten Umgang miteinander pflegen können. Dies wirkt sich direkt auf die Kinder aus.

Die meisten Kinder und Eltern gewöhnen sich nach zwei Jahren an die neue Situation.

Wie sich das Verhältnis der Eltern nach der Scheidung gestaltet, hängt besonders davon ab, wie der Trennungsprozess und die Scheidung selber gelaufen sind. Eltern, die in einem strittigen Verfahren geschieden wurden, möglicherweise noch um Sorgerecht, Umgang und Unterhalt gekämpft haben, haben es hier natürlich sehr viel schwerer. Häufig sind während des Verfahrens noch neue Konflikte und Verletzungen hinzugekommen. Sie sollten sich bemühen, alle Konflikte so zu lösen, dass die Belastungen für Ihre Kinder so schnell wie möglich abgebaut werden.

WAS SIE FÜR IHRE KINDER TUN KÖNNEN

Sind die Schwierigkeiten der Kinder in erster Linie darin begründet, dass die Eltern unter Problemen leiden und weiterhin die Kinder in ihre Auseinandersetzungen hineinziehen, müsste eigentlich den Eltern geholfen werden, um indirekt den Kindern zu helfen. Das wird aber nicht immer möglich sein. In jedem Fall der falsche Weg ist es, die Besuchskontakte des Kindes mit dem anderen Elternteil einzuschränken oder ganz auszuschließen. Diese Einschränkungen werden häufig damit begründet, dass man dem Kind die ständigen Auseinandersetzungen und Konflikte ersparen möchte. Vielleicht kann dadurch vorübergehend eine scheinbare Besserung erzielt werden. Langfristig werden Konflikte damit allerdings nicht gelöst, sondern verschärft. Und dies auf Kosten der Kinder. Auch eine Einschränkung oder ein Ausschluss des Umgangs stellt für die Kinder eine Belastung dar. Eltern sollten so viel Verantwortungsbewusstsein haben, sich ihre Unfähigkeit zur Lösung ihrer Konflikte zumindest einzugestehen und nicht die Kinder den Preis dafür zahlen zu lassen.

Liegen die Probleme der Kinder in anderen Umständen begründet, stellen sich Ihnen ähnliche Aufgaben wie bei der Vorbereitung der Kinder auf die Trennung und Scheidung. Seien Sie für Ihre Kinder da und reden Sie viel mit ihnen. Möglicherweise haben die Kinder ihre Schuldgefühle noch nicht ganz überwunden. Sehr wichtig ist auch, dass Sie Ihren Kindern helfen, die Endgültigkeit der Scheidung ihrer Eltern zu akzeptieren. Viele Kinder können sich nur schwer von ihren Versöhnungsfantasien lösen und werden deshalb fortwährend enttäuscht. Machen Sie Ihren Kindern verständlich, dass sie solche Hoffnungen aufgeben müssen.

Wenn Sie sich überfordert fühlen, scheuen Sie sich nicht, für Ihre Kinder fachliche Unterstützung bei der emotionalen und psychischen Verarbeitung der Scheidung zu suchen. Gerade bei andauernden Loyalitätskonflikten der Kinder schätzen diese eine außen stehende Hilfsperson sehr.

„PAPA RUFT NIE AN“

Es kommt immer wieder vor, dass nach der Scheidung der Kontakt zwischen Vater und Kind abbricht. Das hat viele Gründe. Wichtig ist, dem Kind zu vermitteln, dass die Schuld daran nicht bei ihm selbst liegt.

WENN DER VATER NICHT MEHR KOMMT

Die Forderungen nach Einigung der Eltern, nach gemeinsamer Verantwortung und vor allem nach unbeschränktem Kontakt zum Elternteil, bei dem das Kind nicht ständig lebt, klingen gut. Was aber, wenn sich der andere Elternteil dafür gar nicht interessiert – wenn er sich um die gemeinsame Elternverantwortung einfach drückt? Erklären Sie Ihrem Kind einmal, dass beide Elternteile es lieben und es beide Elternteile behalten wird, wenn sich einer von beiden – leider meistens der Vater – aus dem Staub gemacht hat und von der Bildfläche quasi verschwindet.

VIELE GRÜNDE

Die heutigen Väter haben innigere Beziehungen zu ihren Kindern als früher und bemühen sich häufiger um deren Versorgung und Betreuung.

Es gibt alle möglichen Gründe dafür, dass Väter sich nicht um ihre Kinder bemühen. Manche haben einfach keine Lust, sich mit der Sorge um die Kinder zu belasten. Einige sehen ihre Kinder gar wie einen materiellen Besitz, der im Kampf um Vermögensauseinandersetzungen zum gegenseitigen Ausgleich benutzt wird. Da wird schon mal auf den Umgang verzichtet, wenn man dafür das geliebte Auto behalten darf. Meistens waren diese Väter für ihre Kinder schon während der Ehe reichlich passive Figuren, die kaum Anteil an den Kindern nahmen. Anlässlich einer Trennung setzen sie dieses begrenzte Engagement fort. In den meisten Fällen wird es noch schlimmer, da nach der Trennung der Kontakt mit den Kindern mit mehr Aufwand verbunden ist. Sind solche Väter dann auch noch damit beschäftigt, sich

ein neues Familienleben aufzubauen, verschwinden sie häufig ganz einfach ganz aus dem Leben ihrer Kinder. Schlimmstenfalls sind ihnen diese nur noch lästig wegen der zu leistenden Unterhaltszahlungen. Manche Väter lieben ihre Kinder aber auch und fühlen sich für sie verantwortlich, glauben jedoch, es wäre für die Kinder nur schlecht, zwischen beiden Elternteilen hin- und hergerissen zu sein. Andere Väter resignieren auch einfach vor dem unvernünftigen und besitzergreifenden Verhalten der Mütter.

Es sei ausdrücklich betont, dass es sich dabei zwischenzeitlich um eine Minderheit von Vätern handelt. Heute interessieren sich wesentlich mehr Väter für die Belange ihre Kinder.

Den Müttern, die von ihren Männern bei der Sorge um die Kinder allein gelassen werden, hilft dies freilich wenig. Was können sie tun, wenn der andere Elternteil anlässlich der Scheidung seine elterliche Lizenz zurückgibt?

„ES SIND DOCH JETZT IHRE KINDER“

Häufig wurde in den Fällen, in denen sich ein Elternteil zurückzieht, dem anderen Elternteil das alleinige Sorgerecht zugesprochen. Egal wie kooperativ eine Mutter auch sein mag, Väter leiden unter dem Verlust ihrer Autorität gegenüber den Kindern. Sie haben das Gefühl, sie hätten nichts mehr zu sagen, sie seien die Verlierer – als habe man ihnen bescheinigt, dass die Kinder sie nicht brauchten. Dazu glauben sie, ihre Beziehung zu den Kindern hänge jetzt von der Lust und Laune der Mütter ab. Sie fühlen sich gegenüber ihren Exfrauen als Bittsteller. Selbst wenn die Mütter „großzügig“ die Beziehung zwischen dem Vater und seinen Kindern zu fördern versucht, liegt darin die Ausübung von Macht. „Nur wer Macht über andere Menschen hat, kann großzügig sein.“ Die Folge ist, dass beide Elternteile verbittert und verletzt sind. Das Verhalten dieser Väter mag einem objektiven Betrachter töricht erscheinen. Vaterschaft ist schließlich zunächst mal eine Frage der Biologie und nicht der Sorgerechtsregelung. Aber auch die Ohnmachtsgefühle dieser Väter verdienen Respekt. Solche Väter zur Wahrnehmung ihrer elterlichen Verantwortung zu bringen ist eine komplizierte Aufgabe, die von ihnen viel Entgegenkommen und Kompromissbereitschaft verlangt. Sie müssen sich fragen, ob sie bereit wären, einen Teil ihrer Autorität zugunsten des anderen Elternteils aufzugeben bzw. zu teilen.

Manchmal ist die Einbeziehung des anderen Elternteils ohne fachliche Hilfe nicht zu schaffen und manchmal scheitert sie auch ganz.

„ER REAGIERT EINFACH NICHT“

In den Fällen, in denen sich die Väter für ihre Kinder nicht interessieren, kann man dagegen sehr wenig tun. Man kann den Unterhalt einklagen. Aber wie ließe sich die Übernahme elterlicher Verantwortung einklagen? Und selbst wenn das möglich wäre, wie sollte man sie durchsetzen? An der Mutter bleibt die schwierige Aufgabe hängen, dem Kind zu erklären, warum sein Vater plötzlich von der Bildfläche verschwunden ist. Verständlich machen können wird man ein solches Verhalten dem Kind kaum. Was Sie maximal erreichen können und sollten, ist, dass das Kind sich nicht selber die Verantwortung für das Desinteresse des Vaters auferlegt. Machen Sie dem Kind klar, dass nicht ein „böses“ Verhalten seinerseits dazu beigetragen hat. So verlockend es auch sein mag, hüten Sie sich dabei vor allem gegenüber Söhnen davor, den Vater schlecht zu machen. Kinder identifizieren sich häufig mit ihren Eltern und beziehen solche Äußerungen auf sich selber. Dann wäre mit einer Erklärung mehr geschadet als geholfen.

HILFE FÜR ELTERN – HILFE FÜR KINDER

Viele geschiedene Elternteile und Kinder können die Probleme, die eine Scheidung zwangsläufig mit sich bringt, selbst nicht bewältigen. Es gibt sowohl für Kinder wie auch für Eltern verschiedene Möglichkeiten, Hilfe zu erhalten.

FACHKUNDIGE UNTERSTÜTZUNG IST WICHTIG

Die Trennung einer Familie führt häufig zu einer schweren Krise für alle Familienmitglieder. Vor allem in der ersten Zeit überwiegen Gefühle wie Trauer, Wut, Verunsicherung, Unzufriedenheit bis hin zu Depression. Viele Ehepartner und Eltern erleben diese Zeit als extrem anstrengend und belastend. Zu diesen emotionalen Problemen treten ganz praktische hinzu: die finanzielle Absicherung, die Suche nach einer neuen Wohnung, die Bewältigung des täglichen Lebens. Es ist daher in allen Scheidungsphasen wichtig und hilfreich, mit anderen Menschen reden zu können, sich auszusprechen, Unterstützung zu suchen. Freunde und Verwandte sind dabei oft überfordert. Unterstützung brauchen dabei oft nicht nur die Eltern, sondern auch die von der Scheidung betroffenen Kinder selbst.

ANGEBOTE FÜR DIE ELTERN

In den letzten Jahren haben sich in vielen Städten Selbsthilfegruppen und Initiativen von Scheidung betroffener Eltern gebildet. Hier kann man sich untereinander austauschen und bei konkreten Problemen gegenseitig unterstützen. Manchmal sind die Probleme aber auch so schwerwiegend, dass das nicht mehr ausreicht.

Der Gesetzgeber hat im Kinder- und Jugendhilfegesetz (KJHG) die Unterstützung von Familien bei Trennung und

Scheidung verankert. Die Jugendämter oder andere freie Träger bieten in diesem Zusammenhang eine ganze Reihe von Hilfestellungen an. Dazu gehören:

- Eheberatung
- Partnerschaftsberatung
- Trennungs- und Scheidungsberatung
- Erziehungsberatung
- Beratung und Unterstützung der Alleinsorgeberechtigten sowie der Umgangsberechtigten
- sozialpädagogische Familienhilfe (soll durch intensive Betreuung und Begleitung Familien in ihren Erziehungsaufgaben, bei der Bewältigung von Alltagsproblemen, der Lösung von Konflikten und Krisen sowie im Kontakt mit Ämtern und Institutionen unterstützen und Hilfe zur Selbsthilfe geben. Sie ist in der Regel auf längere Dauer angelegt und erfordert die Mitarbeit der Familie.)

Ein breites Hilfsangebot bieten auch die Orts- und Kreisverbände des Deutschen Kinderschutzbundes an. Zunächst gibt es dort viele praktische Hilfen, beispielsweise Unterstützung bei Kontakten mit Behörden und Institutionen und bei der Organisation der Kinderbetreuung sowie Informationen über andere Hilfsangebote.

Daneben gibt es häufig psychologische Beratungsstellen, bei denen Mitarbeiter aus den Bereichen Psychologie, Psychotherapie, Pädagogik und Sozialpädagogik arbeiten. Sie können Ihnen helfen bei

- Problemen in der Paarbeziehung,
- Erziehungsfragen,
- konkreten Problemen der Elterntrennung.

Auf die Möglichkeit, Unterstützung für einen begleiteten Umgang zu finden, wurde oben bereits hingewiesen. Der Deutsche Kinderschutzbund hat über 400 Orts- und Kreisverbände in Deutschland.

Wenn Sie wissen möchten, ob der Kinderschutzbund an Ihrem Ort oder in der Nähe vertreten ist und Sie sich über die Angebote informieren wollen, wenden Sie sich bitte an den Bundesverband. Dort erhalten Sie weitere Anschriften.

Daneben gibt es in jeder Stadt weitere Beratungsstellen für Eltern, Kinder und Jugendliche. Dazu gehören beispielsweise die psychologischen Beratungsstellen der Caritas, der evangelischen und katholischen Kirche oder örtlicher Vereine. Die Adressen von Beratungseinrichtungen können Ihnen das Jugendamt, das Familiengericht oder Ihr Rechtsanwalt nennen. Adressen finden sich auch im Telefonbuch. Es gibt viele unterschiedliche Beratungsmöglichkeiten:

- Einzelgespräche
- Paargespräche
- Familiengespräche
- längerfristige psychologische Therapie in Form von Einzel-, Paar- und Familientherapie
- Telefonberatung
- Informationsveranstaltungen
- Gruppenangebote.

Vertrauliche Behandlung und Datenschutz sind bei allen Beratungsstellen gewährleistet.

Scheuen Sie sich nicht, solche Hilfsangebote in Anspruch zu nehmen. Für alle Hilfen gilt der Grundsatz der Vertraulichkeit und des Datenschutzes. Sie müssen also nicht befürchten, dass Informationen an andere Stellen weitergegeben werden, selbstverständlich auch nicht an das Familiengericht.

DIE MÖGLICHKEITEN FÜR KINDER

Manchmal fühlen sich Eltern mit der Bewältigung der Aufgaben, die Trennung und Scheidung mit sich bringen, so überlastet, dass sie nicht auch noch für die Probleme ihrer Kinder Zeit und Verständnis aufbringen können. Häufig ist es diesen Eltern aber sehr wichtig, „gute" Eltern zu sein und ihre Kinder vor Belastungen zu beschützen. Auch hier spricht es nur für die Eltern, wenn sie für ihre Kinder entsprechende Hilfsangebote in Anspruch nehmen. Es zeigt, dass sie ihre Elternverantwortung in besonderer Weise wahrnehmen und bedeutet nicht etwa, dass sie ihren elterlichen Aufgaben nicht gewachsen sind.

Auch Kinder und Jugendliche haben Anspruch auf Beratung. Die oben beschriebenen Angebote können daher auch Kinder in Anspruch nehmen. Das gilt besonders für Beratung und Unterstützung bei der Wahrnehmung des Umgangsrechts.

Hilfreich hat sich für Kinder auch erwiesen, wenn sie an einer Gruppenveranstaltung teilnehmen, bei der sie Gleichaltrige mit ähnlichem Erfahrungshintergrund treffen können. Solche so genannten Gruppeninterventionsprogramme werden zwischenzeitlich in vielen Städten angeboten.

Die Gruppeninterventionsprogramme gibt es heute in vielen Städten.

Speziell für Kinder hat der Deutsche Kinderschutzbund ein Kinder- und Jugendtelefon eingerichtet. Der Anruf ist kostenlos. Wenn Kinder Sorgen, Fragen oder Probleme haben, können sie dort anrufen. Hier wird ihnen zugehört und gegebenenfalls weitergeholfen. Wichtig ist dabei, dass sich die Kinder hier darauf verlassen können, dass nichts von dem, was sie dort besprechen oder loswerden wollen, nach außen dringt. Legen Sie hier keinen falschen Stolz an den Tag und schreiben Sie Ihren Kindern die Telefonnummer einfach für alle Fälle auf und stecken Sie sie in ihren Geldbeutel oder einen ähnlichen Ort.

Wenn Sie Ihren Kindern das Gefühl geben, immer für sie da zu sein, aber trotzdem akzeptieren, dass sie sich vielleicht einmal an einen außen stehenden Dritten wenden möchten, kann das Ihren Kindern viel Vertrauen und Sicherheit geben.

DAS LETZTE WORT DEN KINDERN

Wie eine Scheidung der Eltern von den Kindern verkraftet wird, hängt immer vom Einzelfall ab. Auf den folgenden Seiten finden Sie einige sehr unterschiedliche Kommentare.

SCHEIDUNG AUS DER SICHT DER KINDER

Thomas, 14 Jahre, Eltern seit drei Jahren getrennt
„Meine Eltern streiten jetzt seit drei Jahren um das Sorgerecht für mich und meine beiden Schwestern. Wir wurden schon fünfmal vom Gericht angehört. Jedesmal hat der Richter gefragt, wo wie denn lieber leben wollen. Inzwischen geb ich einfach keine Antwort mehr, er glaubts ja doch nicht."

Susanne, sieben Jahre, Eltern seit einem Jahr getrennt
„Wenn ich am Wochenende bei Papa bin, versuche ich ganz lieb zu ihm zu sein. Meine Mama hat jetzt einen neuen Freund, aber der arme Papa ist ganz allein. Da ist er froh, wenn ich dann am Wochenende bei ihm bin. Er tut mir dann so Leid."

Johannes, 15 Jahre alt,
Eltern seit zwei Jahren geschieden:
„Meine Eltern waren total zerstritten. Das war kaum auszuhalten. Zu Hause gab es nur Krach. Ich war richtig froh, als sie sich getrennt haben. Nur das mit den Besuchen ist absolut Sch... . Meine Eltern konnten sich nicht einigen, deshalb haben sie die Zeiten ganz genau festgelegt. Wenn ich mich mit Freunden verabreden will, muss ich immer erst nachrechnen, wo ich an dem Tag gerade bin. Das ist echt krass und nervt. Mein Vater ist immer beleidigt, wenn ich an einem Besuchswochenende gerne was anderes machen will. Ich hab dann schon mal vorgeschlagen, doch ein Wochenende zu tauschen, aber meine Mutter meint, dass sie meinem Vater kein Wochenende schenkt."

Martina, fünf Jahre alt, Eltern trennen sich gerade
„Ich möchte meinen kleinen Bruder behalten. Hoffentlich teilen Mama und Papa uns nicht gerecht auf. Dann müsste ich zu Papa, weil mein Bruder noch so klein ist und sich von Mama ernährt."

Sebastian, 17 Jahre, Eltern haben sich gerade getrennt
„Es war doch klar, dass sich meine Eltern irgendwann scheiden lassen. In meiner Klasse sind fast alle Eltern geschieden."

Maria, 14 Jahre, Eltern seit einem Jahr getrennt
„Die machen doch sowieso, was sie wollen. Mich haben sie jedenfalls nicht gefragt. Denen ist doch ganz egal, was wir wollen. Mir tut es nur für meine kleine Schwester Leid. Die ist erst acht und kapiert noch gar nicht, was da abgeht. Sie hätten wenigstens warten können, bis sie größer ist."

Moritz, 12 Jahre alt,
Eltern leben im gemeinsamen Haus getrennt
„Am Anfang fand ich das furchtbar, dass meine Eltern nicht mehr miteinander gesprochen haben. Es war total komisch, wenn entweder meine Mutter oder mein Vater mit uns gegessen hat und dann der andere später. Inzwischen hab ich mich dran gewöhnt und finde es eigentlich ganz lustig. Wenn mir der eine was verbietet, gehe ich zum anderen und der erlaubt es dann. Wenn einer von beiden auszieht, will ich auf jeden Fall hier bleiben. Ich hab hier schließlich alle meine Freunde."

Tatjana, 16 Jahre, Eltern seit drei Jahren geschieden
„Ich pendle zwischen meinen Eltern immer hin und her. Mal bin ich eine Woche bei meiner Mutter, mal eine Woche

bei meinem Vater. Meine Eltern sind da total cool. Seit sie geschieden sind, verstehen sie sich viel besser. Früher gabs oft Streit. Meine Freundinnen beneiden mich, weil ich zwei eigene Zimmer in verschiedenen Wohnungen habe. Obwohl meine Eltern beide neue Partner haben, denke ich manchmal, es wäre doch ganz nett, wieder eine Familie zu sein."

Stephan, 18 Jahre, Eltern seit fünf Jahren geschieden
„Meine Mutter hat immer noch nicht richtig kapiert, dass mein Vater 'ne neue Frau hat. Wenn ich ihn und seine Frau besuche, macht sie immer eins auf arme Mutter. Mir reicht es jetzt. Sobald ich genug Geld hab, zieh ich aus.

Barbara, 35 Jahre, 12 Jahre bei Scheidung der Eltern
„Obwohl mein Vater sich nie viel um uns gekümmert hat, hat mich die Scheidung meiner Eltern doch sehr belastet. Zu mir hat aber mal ein Ausbilder gesagt, spätestens mit 40 sei man sogar für sein Gesicht selber verantwortlich, das habe ich mir zu Herzen genommen. Ich glaube nicht, dass ich heute noch unter den Folgen leide."

Peter, 42 Jahre, 13 Jahre bei Scheidung der Eltern
„Für mich war es das Beste."

HILFREICHE ADRESSEN

Für Kinder
Die Nummer gegen Kummer 0800-1110333.

Für Eltern
Deutscher Kinderschutzbund
Bundesverband e.V.
Schiffgraben 29
30159 Hannover
Tel. 0511/304850; Fax 0511/3048549

Bundesarbeitsgemeinschaft
für Familienmediation (BAFM)
Rathausplatz 25
22926 Ahrensburg

Schweizerischer Kinderschutzbund
Brunnmattstr. 38
Postfach 344
3000 Bern 14
Tel. 0041/31/3820233; Fax 0041/31/3824521

Österreichischer Kinderschutzbund
Verein für gewaltlose Erziehung
Obere Augartenstr. 26–28
1020 Wien

Österreichische Kinderfreunde
Rauhensteingasse 5
1010 Wien
Tel. 0043-512/129851; Fax 0043-512/129862

LITERATUR

Peter Balscheit von Sauberzweig, Walter Gasser, Constantina Haefliger-Manika, Vera Kling: Wir trennen uns, was tun wir für unsere Kinder? Teil 2: An die Eltern. Verlag pro juventute, Zürich, 1998

Christa Brauns-Hermann, Bernd Michael Busch, Hartmut Dinse (Hrsg.): Ein Kind hat das Recht auf beide Eltern. Luchterhand, Berlin, 1997

Françoise Dolto: Scheidung – Wie ein Kind sie erlebt. Klett-Cotta, Stuttgart, 1990

Frank F. Furstenberg, Andrew J. Cherlin: Geteilte Familien. Klett-Cotta, Stuttgart, 1993

John M. Haynes, Reiner Bastine, Gabriele Link, Axel Mecke: Scheidung ohne Verlierer. Kösel, München, 1993

Eva Marie von Münch: Die Scheidung nach neuem Recht. Beck-Rechtsberater im dtv, München, 1998

Dieter Schwab (Hrsg.): Das neue Familienrecht – Systematische Darstellung zum KindRG, KindUG, EheschlRG und ErbGleichG. Gieseking, Bielefeld, 1998

LBS-Initiative junge Familie (Hrsg.): Trennung, Scheidung und Wiederheirat. Wer hilft dem Kind? Beltz, Weinheim und Basel, 1996